齊淑芳夫婦的京劇人生

Mrs. and Mr. Qi Shu Fang: The Power Couple of Peking Opera

Oral History of Chinese American Women Series (15)

By Chang C. Chen, PhD, JD 邱彰

ISBN : 978-1-949736-84-7

LCCN : 1399135780

Includes bibliographical references.

目錄 CONTENTS

"Herstory: in her own words"

Oral History of Chinese American Women Series

Preface

Since 1960, many of Taiwan's elite college women graduates began a movement to study at leading American graduate schools. They are called the Overachiever Generation. The situation changed drastically in 2000 when China emerged as a world economic power. American schools were no longer the only option, and most of Taiwan's youth choose to further their studies and work in China where language and culture are not barriers.

In 2014, I met Dr. Chang Yu-Tung, Director of the National History Museum of Taiwan. Dr. Chang convinced me to curate an exhibition, "Herstory—the Legal History of Chinese American Women." It suddenly dawned on me that I should record the oral history of those groundbreaking Chinese American women whenever I had a chance to meet them for the exhibition.

When I was growing up in Taiwan, I did not see any woman leaders in any profession. But the women I met through the Herstory exhibition were different. They endured the most difficult challenges and they faced hostility and criticism. Eventually, they found creative ways to overcome barriers and made it to the top.

Now, facing the sunset of their lives, how do they help their American born children understand their extraordinary achievements? How do they pass on their experiences and wisdom? Being a member of the Overachiever Generation myself, I passionately want to preserve their legacy and glorious history.

Today, the fifteenth printed book in the series of Chinese American Women is published. It is entitled, "Mrs. and Mr. Qi Shu Fang: The Power Couple of Peking Opera". I hope you will share our joy and help us introduce our series to your younger friends, hopefully to assist them in achieving their goals, to remember the past, and to encourage other Chinese American women to be proud of what we have accomplished.

｜前言｜

Herstory-美國華人女性口述歷史系列

從 1960 年開始，一批批台灣最優秀的女性學子至美國求學，沒拿到博士學位的幾乎無顏回家見江東父老。這些留學生世代被稱為「高成就世代」(Overachiever Generation)。

情況到 2000 年起了變化，中國崛起，製造了可觀的經濟機會。到美國留學的中國年輕人愈來愈多，也排擠了台灣年輕人到美國求學的機會，而當年決定留在美國高就的留學生，除了國籍變更之外，也面臨了文化斷層，沒有台灣年輕人接班了，他們的風光即將埋入歷史。

我也是這群「高成就世代」的人，我常苦思如何在我們因年齡而隨風飄逝之前，保留住這段輝煌。2014 年，我因緣際會認識了台灣國立歷史博物館館長張譽騰博士，受邀策展 HERSTORY- 美國華人女性法律史，也因之認識許多傑出的美國華人女性，我忽然想到，何不為這些創造歷史的女性錄製口述歷史？

看著她們已經灰白的頭和智慧的眼睛，這群不凡的女性是我在長大時沒在職場看到的。她們當年面對了最艱困的環境以及周遭不懷好意的眼神，卻依舊披荊斬棘、開天闢地，成為各行各業的第一。

她們已經逐漸老去，她們生在美國只會講英文的子女，如何了解母親之不凡？而她們的經驗及智慧又如何承傳？今天年輕的華人女性要在職場出頭天依舊困難重重，這種困難從她們選擇志業的第一天就開始了，誰來指路？我以為這群曾經打破職場玻璃屋頂的女性，她們可以做為年輕一代的典範 (role model) 及指路明燈，她們經驗豐富的歷史可以透過口述及多媒體呈現，傳承下去。

今天，華人女性口述歷史叢書的第十五本《齊淑芳夫婦的京劇人生》出版了，希望大家分享我們的喜悅，把此系列叢書介紹給年輕的朋友，協助她們立志，介紹給同輩的朋友，讓她們緬懷，介紹給其他華人女性，讓大家同感驕傲。謝謝！

2023 年於舊金山

美國華人女性口述歷史系列
The Oral History of Chinese American Women Series

1	居蜜：民國文化傳承 Chu Mi: A Daughter of the Chinese Republican Era
2	陳李琬若：第一位美國華人女市長 Lily Lee Chen：The First Chinese American Woman Mayor
3	美國中華美食教母江孫芸 Cecilia Chiang : Godmother of Chinese American Cuisine
4	黃金女傑林麗娟的傳奇 Lin Li-Chuan : Pioneer in Gold Commodity Trading
5	胡匡政 : 風雨中的仁醫 Kuang-Chung Hu Chien : The Compassionate Doctor of Harlem
6	一位改變台灣命運的賢妻 : 崔蓉芝 A Good Wife Who Changed Taiwan's Destiny: Helen Liu
7	居美：驚艷中東 Mae Chu : Empowering Girls in the Middle East and Beyond
8	美麗人生 : 呂秀蓮時空博物館 A Beautiful Life: Annette Lu Oral History
9	上海明珠 ：王詳明口述歷史 The Pearl of Shanghai : Oral History of Gloria Wang
10	傷痕文學第一人 ：陳若曦 The First Lady of Scar Literature : Lucy Hsiu-Mei Chen
11	台灣首位喜劇女神 ：張琍敏 Taiwan's First Queen of Comedy : Misty Chang

美國華人女性法律史系列
Herstory : The Legal History of Chinese American Women Series

作者序

寫齊淑芳夫婦的口述，比我想像的還要難！

第一，她是位京劇大師，於 2001 年獲得美國國家傳統藝術的最高獎（沒有之一），她每分每秒都在想怎麼把她的藝術做得更完美，對人生的其他瑣事基本視若無睹。還好命運對她非常眷顧，給了她一位又體貼、又多才多藝的伴侶丁梅魁，所以在這本口述中，很多齊淑芳夫婦對問題的看法、他們做的決定，都是由她先生、上海全能男人丁梅魁講的。

他們兩人相知相守快 40 年了，齊淑芳下一句要講什麼、逗點放哪，丁梅魁都瞭若指掌，所以在這本口述裡，我就不註明那句話是誰講的，因為丁梅魁說，「我講的，都算是齊淑芳講的。」

第二，我自 70 年代就從台灣移居美國，生活至今，我對大陸當時的環境不太了解，還好樣板戲的另一位重要演員史鍾麒是我的鄰居，他知識淵博、經驗豐富，隨時補上我對中國那些事的無知，他的講述放在本書最後的「史鍾麒讀後感」裡。

對台灣讀者來說 ，齊淑芳是誰？

齊淑芳 15 歲時，從上海戲劇學校以第一名畢業，上海戲劇團為她編了「三戰張月娥」這場文武旦的戲。這齣戲引起了梅蘭芳、周恩來及毛澤東的注意，梅蘭芳看過之後，大讚她是「後起之秀」，毛澤東還指示為她修改部份劇本。

她從 1965-1987 的 22 年間，帶中國京劇團去西歐及日本 3 次，演出千場以上，在鑼鼓喧天中宣揚京劇文化，為之鞠躬盡瘁。她每次出場都是萬人空巷，掌聲雷動。

她在1970年代27歲時，江青欽定她主演「智取威虎山」的小常寶，是文革時代「八億人民八部戲」之一，讓她家喻戶曉，婦孺皆知。

她在1985年42歲時，與武生及合作夥伴丁梅魁結婚，開始了婦唱夫隨的人生。

她在1988年45歲時，決定在美國定居，簽約經紀公司ArtsPower，巡迴全美各地學校16年，大開美國觀眾欣賞中國京劇的天眼，觀眾上百萬人。

1989年9月，她首次在紐約市外百老匯（Off-Broadway）演出「青石山」，因為嗓音甜美、武術高強，轟動一時，名作家夏志清為之著迷，連看兩場，連寫兩篇文章，大捧特捧。

2001年，她獲得美國藝術基金會的最高獎—「國家傳統藝術獎」National Heritage Fellowship，布希總統、希拉蕊國務卿及艾德華甘迺迪參議員均親自祝賀，這是美國藝術家的最高榮譽。

2001年，她和丁梅魁成立「中國京劇藝術節」，展開一年一度的演出，至今已23屆，屆屆成功，可喜可賀。

2003年，她的「齊淑芳京劇團」在百老匯演出全本「楊門女將」大戲，離1930年梅蘭芳首度在百老匯演出，近100年。當年梅蘭芳帶來的是個小劇團，齊淑芳帶來的是個70人的大劇團。

2023年，「中國京劇藝術節」創辦至今已23屆，齊淑芳今年80歲，扮相及嗓音均甜美如昔。

齊淑芳成功的原因有四，缺一即破局

第一，她是文武花旦，不只是花旦。文武花旦要有高強的武功，能唱能武，還要扮像優美，這種人是鳳毛麟角的。齊淑芳在13歲時由嫂嫂，號稱中國第一文武旦的張美娟，傳授文武旦的戲，這是她人生的第一場勝利。

第二，1985 年，她選擇了個性溫和的舞台夥伴丁梅魁做為終生伴侶。丁梅魁對於被稱為「齊淑芳夫婦」毫不在意。他有市場眼光，決定他們應該留在美國，因為美國沒有專業的京劇團，這個決定改變了他們的命運，也是齊淑芳人生的第二場全勝。

第三，在齊淑芳 60 歲時，她在全世界的舞台上已經演出數千場以上了，她的體力不宜再巡迴演出，丁梅魁決定由他們自己主辦「中國京劇藝術節」，至今 23 年。「中國京劇藝術節」是齊淑芳永遠的舞台，為了每年的演出，齊淑芳天天勤練身段和嗓子，不知老之已至。這是她人生的第三場全勝。

第四，丁梅魁是上海全能男，他作為齊淑芳的後盾，心無二用，他有眼光、沒有野心，他每天為齊淑芳做飯，為她編劇、編曲、宣傳，而且齊淑芳脾氣很直，丁梅魁是她與朋友之間的緩衝劑，在劇團裡，學生都樂意稱他為大師。

對齊淑芳這樣一位現代京劇的一級演員，她每分每秒都在想她的唱功及舞術，沒有時間為其他天下大事深思熟慮，所以在這本口述歷史中，丁梅魁講的比較多。

看到這裡，我相信你也在感嘆，「那我的丁梅魁又在哪裡？」

本書作者 邱彰律師

｜推薦序｜

海外京劇王冠上的明珠

2023 年 12 月的第一天，邱彰博士和我分享說，《齊淑芳夫婦的京劇人生》即將付梓，可否為一薦文？我有幸和邱博士在網上，通過壹嘉出版社社長劉燕，互相介紹認識未久。很自然的，邱姓成了第一波對話，因為相對而言，邱是小姓，遂更有一份親近。邱博士英文姓和我的英文姓的拼法不同，但母語的寫法，是我們的根本。也以此，我得稱邱博士一聲本家大姐一實際上她還是我的學姐，都曾是羅格斯大學的研究生。

我認識齊淑芳先生有一段時間了。美國東部的幾個機構，包括法拉盛圖書館，曾在圖書館舉辦了兩屆海外戲曲研討會。齊淑芳京劇藝術團是參與者之一。此前，齊先生的名聲，我知之已久，後也曾在她在圖書館劇場的演出中認識，但對她的藝術成就，尤其是在美國三、四十年演出、傳播京劇藝術之功的更多了解，則是藉研討會的機緣。齊先生和她丈夫丁梅魁，為研討會帶來了展板，並系統介紹多年來的美國演出生涯，尤其是劇團的組織、運作，與會者頗受啟發。

海外戲曲演員和團體，涉多種戲曲種類，主要是京、昆、越、滬、粵、閩等，京昆是其中最重者。藝術家和劇團共同面對的一個難題是，演員多具專業水平，不乏舞台藝術家，但劇團的組織方式和大陸迥然不同，舞臺也相對缺乏，觀眾不足。大部分要以業餘時間從事藝術的個人，募集和整合的資源，而憑籍的主要動力，是對戲曲藝術的熱愛。如何在海外，在美國，不僅靠特色立足，而且發展出一套展示、傳承與管理的系統，是戲曲表演藝術之外的又一種「藝術」。齊淑芳京劇團在這些方面，顯然令人刮目相看，有許多經驗可以和同道中人分享。

我在法拉盛圖書館工作了二十四年。法拉盛在美國社會結構中，是一個普通社區，但對華人而言，卻有特別的意義。一方面，法拉盛從 1645 年建鎮後，就是一個移民居住地，從荷蘭殖民地到英國殖民地，其歷史以多元、容忍為特色；另一方面，上世紀六七十年代起逐漸有較多華人定居後，法拉盛"中國城"的定位，越來越明確。如今儼然有美國「華人之都」的說法。由於對法拉盛歷史的興趣，我和幾位朋友撰寫和出版了《法拉盛傳》《法拉盛故事》，以及《顧雅明傳：從新移民到市議員》（顧先生任代表法拉盛選區的市議員 12 年之久），還撰寫、主持了十集電視短片系列"法拉盛故事"。法拉盛的文化現象，華人藝術家在社區的呈現，是這些著述的重要組成；記錄包括藝術家、文人墨客在內的新移民，留下歷史，是我寫作的一個初衷。海外京劇昆曲藝術家用他們的實踐證明，中國戲曲的本土性符合人類對藝術普遍性的欣賞，其價值是超越民族和國界的。因此，知道邱大姐撰寫了《齊淑芳夫婦的京劇人生》這部口述歷史，一則以驚喜，吾道不孤，再則是感佩她對海外女性之長期關註：本書是海外女性口述歷史系列之十五本。收到電子版後，圖文並茂的著作，再次把我拉回當年法拉盛圖書館內戲曲研討會的現場。

實際上我還回憶得更遠，那是我與戲曲的緣分和錯過。1983 年大學實習，我被分配到上海藝術研究所。當年的所長是章力揮先生，帶我的是高義龍先生。章、高二位和中國戲曲尤其是現代京劇有頗深的淵源：都曾是京劇《智取威虎山》劇本編劇。不過，那年我的工作是協助舉辦一場重要的越劇討論會。兩年後，我考研，因一門課程失誤未進入報考專業，被"調配"到中國古代戲曲研究專業，我的導師李平、江巨榮先生是中國戲曲研究先驅和巨擘趙景深先生的弟子。雖然我因此接近了作為中國古典文學之一類的戲曲，即書面的、文人作品的戲曲，但大學偏向文學和學術的教學體系，並未包括和戲曲舞臺及戲曲藝術家接觸的機會。而根本的原因則是，我個人的興趣是文學批評，身在戲曲文學殿堂而心在他處。也許，這是一個愛好和"被"分配、調配之間的溝壑吧。研究所畢業後，我在職的上海三聯書店樓下，是上海昆曲團。一段時間"搭伙"昆曲團食堂，時時傳入耳中的絲竹之音婉轉之聲，皆未激起我"重回"戲曲的靈感。沒有想到，在紐約，因在法拉盛生活和工作，竟然接觸了眾多的戲曲藝術家，邀請他們在法拉盛圖書館劇場演出，舉辦戲曲沙龍，其中出色的一位便是齊淑芳先生。我想，這就是緣分，也暗示了許多現象後，有不為人知的力量。不過有一點，我想是偶然中的必然： 齊淑芳先生不僅是才藝雙絕的藝術家，還是富於勇氣和膽略，有前瞻視野和擔當的女中豪傑。否則，就不會有在美國各地演出數千場的齊淑芳京劇團。而我，如果安逸於中國體制內的職業生涯，便絕不會放棄一切，在美國從頭開始。如此，和戲曲藝術、戲曲藝術家的"海外遇見"便不可能發生；而為邱大姐這本《齊淑芳傳》寫下些許感言，更是無從談起了。

戲曲和詩歌、舞蹈一樣，是人類最原初感情，以外在形態表達的方式。戲曲之歌之舞，無論最初自發的咿呀吶喊，還是演變為雅致的抽象之美，無不如此。人類即使生活在節奏快捷的現代社會，接觸種類繁多的現代藝術、後現代藝術，中國戲曲藝術依舊能直抵人心的最深處，其道、其美，依舊奧秘無窮、熠熠生輝。海外京崑劇藝術家人才頗多，傳承不息，齊淑芳是海外戲曲藝術舞台的代表者之一，堪稱王冠上的明珠。我想，這就是齊淑芳的京劇藝術，以及齊淑芳人格魅力的價值所在，也是本書面世、傳之後代的珍貴價值吧。

2023.12.4，紐約法拉盛

邱辛曄

紐約市法拉盛圖書館副館長

| 推薦序 |

齊淑芳驚豔美國劇壇

我認為 20 世紀世界音樂劇有兩個巔峰：一個是上半葉美國百老匯黃金年代的寫實敘事音樂劇（Musical play），一個是下半葉中國京劇樣板戲，程式化、象徵化的寫意敘事音樂劇。

中美兩國的美學風格音樂劇有一個共同特點，就是載歌載舞，以歌舞講故事（王國維語），強調每首歌、每支舞、每句台詞，本身就是一場戲。這兩個不同音樂戲劇的體系，各美其美、美美與共、各領風騷，讓觀眾穿越歌舞戲曲、歌舞劇和音樂劇之間的鴻溝，認識到現代音樂戲劇美學的壯闊與浩蕩。

齊淑芳何其幸運，在中國歌舞劇民族化與現代化的精神行程中，與錢浩梁（扮演《紅燈記》李玉和）、劉長瑜（扮演《紅燈記》李鐵梅）、高玉倩（扮演《紅燈記》李奶奶）、譚元壽（扮演《沙家浜》郭建光）、洪雪飛（扮演《沙家浜》阿慶嫂）、童祥苓（出演《智取威虎山》楊子榮）、沈金波（飾演《智取威虎山》少劍波）、李麗芳（飾演《海港》方海珍）、馬長禮（飾演《沙家浜》刁德一）、周和桐（扮演《沙家浜》胡傳魁）、宋玉慶（飾演《奇襲白虎團》嚴偉才）、楊春霞（飾演《杜鵑山》柯湘）、李炳淑（飾演《龍江頌》江水英）和李元華（飾演《龍江頌》阿蓮）一起，成為那個紅星閃爍時代的一員。這些演員抵達中國音樂戲劇的寫意美學高地，孜孜不卷地追求自己的角色形象和表演風格，呈現各自的輝煌和燦爛。

不僅如此，齊淑芳步著 30 年代初梅蘭芳驚艷百老匯的後塵，來到大西洋對岸的美國，面對著不同政治制度衝擊下的文化落差，承受著多項全能演員的競爭，她所經歷的落差與孤獨，如果沒有對京劇瑰寶的熱愛和自信，是難以迫使自己把傳播中國京劇的眼光，移向文化不同的美國和競爭殘酷的外百老匯、甚至百老匯的。

這種發自內心的對音樂戲劇美學的追求，以典雅的藝術魅力和犀利的創新精神，觸向世界音樂劇的舞台中心，從而在自己藝術生命的發展取向上，從《三戰張月娥》、《智取威虎山》，到《櫃中緣》，《盜仙草》，《水漫金山》，《白蛇傳》，《火鳳凰》，外百老匯演出《青石山》，與音樂劇《獅子王》打對台戲的百老匯全本演出《楊門女將》，「中國京劇藝術節」，「齊淑芳京劇團」，直至獲得美國藝術基金會的最高獎—「國家傳統藝術獎」。

中國京劇是一種美麗的、典雅的、優美的東方精神，其悠久、持續的程式化寫意美學，足以使它從容投入到博大精深的世界音樂戲劇的精神世界中。自20世紀初，歐美歌舞片和現代歌舞劇進入中國，推動了包含京劇在內的中國音樂戲劇傳統，使其走入現代化的進程。另一方面，從多層維度的國際化敘事，再現中華文化神秘蒼茫、波瀾壯闊的景觀，給世界帶來音樂戲劇的新元素、新功夫、新美學、新精神，齊淑芳無疑是繼梅蘭芳的百老匯奇觀、瑪麗·馬汀《琵琶行》、黎錦揚《花鼓燈》以後，值得大書特書的國劇「花木蘭」。

她的舞時而如鮮花綻放，靈動而搖曳，時而似勁草迎風，英姿而颯爽；她的歌時而如月光普照，清澈而又寧靜，時而似驚雷轟鳴，剛毅而堅強。正是她，在丈夫的默默支持下，把自己的表演天才、自己的深沈思考、自己的國際視野，像雪溶於水一樣，化為中華文化的象徵，融進美國的世界性戲劇家庭，建立中美交流與融合的音樂戲劇地球村。

Slava, 齊淑芳！

文碩
中國音樂劇歌劇評論家
「中國戲曲考」作者

我的家庭

我的父母對戲劇都是外行，我的父親齊壽山早年在西安當律師，解放以後他就不做了。母親張秀清是家庭婦女，我們家一共有 6 個小孩，3 個大哥、1 個姐姐，1 個妹妹，連我。二哥三哥後來都成為演員，小妹也是演員，爸媽並沒在這方面鼓勵我們，可是我們就自動都做演員了。

我的父母親對小孩們一視同仁，絕不重男輕女，他們對我們每個人都很好，也沒有說女的不能演戲，他們一樣喜歡女孩，一樣鼓勵我們演出。

我是 1943 年在陝西省西安市出生的。影響我最大的是我的大哥大嫂，大哥叫齊英才，曾任上海京劇院副院長，嫂嫂叫張美娟，她曾是中國最著名的文武旦演員，被譽 「中國第一女武旦」，她在神話武打劇「火鳳凰」中，首創空中飄槍、托舉踢槍、舞長袖開打，膾炙人口，她現在已經過世了（1929-1995）。三哥叫齊英奇，上海京劇院演員。

我在西安長大，從小就很喜歡唱唱跳跳，因為我的三個哥哥都是學京劇的，所以我經常有機會去看戲，我喜歡戲劇，也愛跟著唱，那時我大概十一二歲。

1) 大嫂是啟蒙老師

那時大哥及大嫂在上海戲曲學校工作，1957 年我初中畢業，就跟三哥坐飛機到上海去看他們，住在他們家裡時，我會隨口哼哼唱唱，結果哥嫂都說我很有天賦，又說，「上海戲曲學校正在招生，你想去嗎？」我說，「我不會唱，是個大白丁、生坯子，就只是喜歡。」

那年我 13 歲，嫂嫂在家裡教我三齣戲：「打焦贊」、「女起解」、「金山寺」，還練武功，一年後我 14 歲時，就去戲校考插班生。在上海大世界劇場，我也參加了演出，演兩齣戲，連戲校的老師們都來看，看完後就馬上錄取我，我成了上海市戲曲學校的插班生。

嫂嫂教我練功

我們那時上學不需要交學費，住宿吃飯都由國家負擔，所以我住、吃都在學校。我父母親後來也搬到上海，我就跟他們住一起，平時我都是住戲校，只有放假時才回家。

2) 進入上海京劇團

兩年後我畢業了，那時上海青年京劇團剛成立，我就參加了上海青年京劇團，演出好多戲，「三戰張月娥」是我年輕時的代表劇，這齣劇又文又武，1960年周恩來於民族文化宮看我的演出，鼓勵有加，並稱讚我是後生可畏，京劇大師梅蘭芳更是上台緊握我的手，連聲稱讚:「後起之秀！後起之秀！」

我不善言辭，這段經歷就請我先生丁梅魁來講。

齊淑芳出道

她這段經歷很精彩，她不大會講我來講，算我幫她講。她從小就到上海劇校做插班生，非常的勤學苦練，每天半夜會起來練功，練完了才去睡覺，早上一早起來，又再和大家一起練功，她學會了踩蹺、打把子、鷂子翻身等高難度動作，她的武功非常出色。

上海戲校也對她出眾的武術特別欣賞，就專門為她排了一齣戲，叫「三戰張月娥」，這是一齣武旦的傳統劇，原名是「紅桃山」，為她改編成「三戰張月娥」，那時候她才 15 歲。戲里有高難度的技巧，很多時候，她扎著大靠、背後插著旗子，從三張桌子上倒空翻下來，或是拿著大刀、倒食虎，邊跳邊唱。

1) 梅蘭芳誇「後起之秀」、毛澤東親改劇本

這齣戲於 1958 年在上海演出的時候，毛主席正好到上海來，劇校就拿這齣

齊淑芳15歲演三戰張月娥

戲來招待毛主席。這齣戲的故事，主要是說張月娥的父親受到朝廷奸臣迫害，她逃了出來到紅桃山，自立為王，成了女大王，後來梁山好漢押了一批糧草經過紅桃山，她就下去把糧草給劫了。然後梁山的三個好漢：林冲、關勝、花榮打她一個。

毛主席看了以後說，「這齣戲不公平，三個男的打一個女的太不應該，你們應該把這戲改成她把門關起來，讓他們來求和。」

1960 年，戲到北京演出，大為轟動。梅蘭芳當時由文化部長許平宇陪同，到吉祥戲院來看她的演出，她那年 17 歲。演完後梅蘭芳上台緊握她的手，一直拍著她的肩膀，還跟她合照，連聲稱讚「後起之秀」。此後在民族文化宮演出，

「智取威虎山」與毛澤東、周恩來合照

1960年 京劇大師梅蘭芳誇我是「後起之秀」

周恩來總理也親自前來觀看，當他看到一個十幾歲的女孩在台上又翻又打又唱很高興，認為她很有發展的前途。

所以這齣戲是她小時候最精彩的一段。

每當哥哥嫂嫂看了我的戲之後，都會給我提意見，指出哪些地方不夠好，哪些地方需要努力，哪些要怎麼改善，如何把這齣戲演得更好一點，我非常感激哥哥嫂嫂對我的栽培。他們兩人有一個兒子，一個女兒，女兒是舞蹈演員。

▲哥哥齊英才（右一）嫂嫂張美娟（右三）

哥哥齊英才與女兒訪美

2) 江青欽點我演「小常寶」

江青是很懂戲的，她懂京劇、她有權，她說了算，她要什麼，一個命令就可以搞來了。一開始「智取威虎山」裡沒有小常寶這個角色，當時江青提出「智取威虎山」劇情不完整，因為京劇裡必須有生、旦、淨、丑，這齣戲雖然很成功，但缺乏一個女聲，所以江青要求增加一個女性的主角，她要這個角色能文能武，唱得好、舞得好。開始時，大家說不知道誰能演這個角色，後來江青說，「齊淑芳啊！」哇，她對我很瞭解，知道我演的「三戰張月娥」毛主席看了，還指示劇團為我改劇本。

後來我演出樣板戲「智取威虎山」，是由江青欽定我演小常寶的，江青也接見了我，告訴我這齣戲裏哪些地方要改進，包括燈光佈景、演員服裝等等，她都很關心。

「智取威虎山」的演出很成功，戲很出名，家喻戶曉，那時「八億人民八部戲」，樣板戲紅遍全國，幾乎每個人都看過、都會哼兩句，所以我走在路上，人家都會認出我來。

我在文化革命期間沒有受到傷害。我哥哥可能被說是走資派，文化大革命結束後，就恢復原職、平反了。我們都沒有受到政治衝擊，因為我們是演樣板戲的演員，等於是支持他們的，而且我們是演員，不搞政治。

文化革命結束以後，我們恢復演一些傳統戲，像是我演過「白蛇傳」、「青石山」、「楊門女將」、「莊園梅」這些傳統戲，「智取威虎山」還拍成電影，「楊排風」也拍成電影，在全國的電影院播放，大家都非常欣賞我們的藝術。

樣板戲的歷史背景

在60年代，江青主導京劇改革，雖然江青在政治上有爭議，但在文藝上，她沒有什麼可以爭議的地方，她對文藝確實內行。她是從山東的農村出來的，在上海30年代的電影圈裡混那麼久，就算當初她什麼都不懂，30幾年下來，看也看懂了。她還拍過電影，所以在「白毛女」的戲裡，她會處理一些她特別強調的細節，像是補丁該打在什麼地方等等，反映出她對現實情況的理解。

1966年文化革命以後，懷疑一切，打倒一切，所有的文藝演出，90%以上變成毒草。你隨便講兩句話，他們就認為你不符合社會主義的普世價值，就說你是毒草。文革中所有的演出都停止了，因為任何東西都可以被懷疑，都要打倒，所以有很多戲劇，前一天還演得好好的，第2天就變成毒草、反黨、反社會主義，全國文化市場一片肅殺。

當時毛澤東派江青到中央文革當組長、主管文藝，劉志堅作副組長。1966年，中央文革小組找到「白毛女」劇組在北京的人，把他們放到主席臺上，江青帶了一幫中央文革的人，張春橋、姚文元這一幫人，到人民大會堂講話。

史鍾麒老師說，以下是江青的原話：「就是為了你們這些劇組能演出，我們給紅衛兵小將做了很多工作，當時紅衛兵小將到處衝啊、打啊，不讓你們演出，我跟他們做很多的工作，這些演出包括，」然後她就點名了，「智取威虎山」、「沙家濱」、 芭蕾舞「紅色娘子軍」這些演出，她總共點了7個，「白毛女」一開始時沒有提到，後來有人跟她講「白毛女」，她說對，所以就有了8個樣板戲。

當時還沒有樣板戲這個詞，只是允許這些演員可以演出了，最後江青把這些戲介紹給毛澤東，毛澤東看過之後說好，就成為樣板戲了。

「智取威虎山」裡的小常寶

1) 十年文革 獨尊樣板戲

所謂「八億人民八部戲」，八部戲指的就是8大樣板戲：京劇「智取威虎山」、「海港」、「紅燈記」、「沙家濱」、「奇襲白虎團」、芭蕾舞劇「紅色娘子軍」、「白毛女」、交響樂「鋼琴伴奏紅燈記」。其他所有的戲都不叫樣板戲，像是「杜鵑山」、「龍江頌」等。

樣板戲是中國戲劇歷史上的一個新的里程碑，它突破了中國傳統京劇的表現形式，無論是在音樂上或是在人物的表現上，呈現了新的高度，獲得許多跨世代觀眾的喜愛，讓樣板戲歷久不衰。在樣板戲戲「智取威虎山」中，齊淑芳演的是小常寶，因為她有一個很好的武功基礎。

1956年3月1日至4月4日北京舉行了「京劇演出大會」，約有五十齣現代京劇在那演出，現代京劇在舞台上用了佈景，捨去了傳統服裝，沒有行當的區分，工農兵成為主要的角色。雖然唱的是京劇唱腔，卻加上了西式的和聲，看出來傳統京劇日漸式微了。

1964 年，北京舉行了「京劇現代戲觀摩演出大會」，演出了三十五個京劇現代戲目。北京市長彭真提出了五個方針：

1. 京劇現代戲要為社會主義服務、
2. 為工農兵服務、
3. 要重點演活人戲、
4. 要有利於社會主義、
5. 要有利於對敵人鬥爭、
6. 要把革命內容和京劇藝術風格相融合。

更具體的改革方針是：「創造新的英雄人物形象」、「創造性運用並豐富京劇的板式」、「大膽吸收、溶化、敢於突破創新」，「服裝、動作、道具、佈景等都要改」，「音樂方面應廣泛吸收其它劇種的音樂」、「音樂工作者必須深入工農兵的生活，加強政治修養」。

所以樣板戲是京劇的改良，由江青領導，主要是從 1965 年開始。1967 年樣板戲在北京各劇場同時上演。毛澤東曾多次率中共中央政治局成員出席觀看，給予強勁的政治支持。江青進入中央文革小組、並以此活躍於中央政治舞台核心，江青的政治影響力很大程度上是來自於樣板戲。

2) 三突出

從樣板戲的創作中，總結歸納出的無產階級英雄人物，有「三突出」的創作原則。

「三突出」是指「在所有人物中突出正面人物，在正面人物中突出英雄人物，在英雄人物中突出主要英雄人物」，反面人物只有零散而短的唱段。這種把人物簡單地劃分為英雄人物和反面角色，戲劇的著眼點只在於正面人物如何成為階級鬥爭中的英雄，使得戲劇往往缺乏內心世界的刻劃。

文革期間小說、電影、戲劇創作停頓，文化生活單調，八億人民八個戲，都是樣板戲。樣板戲經過電影、電視、廣播，反覆強制性的播放，連不熟悉戲曲的男女老少都能哼唱幾句，成為文革時期精神生活的代名詞。

全國各個省、縣，全部不許演傳統戲，只能演現代戲，然後再通過各個縣、省，選拔好的戲，1965年到北京去匯演。再根據這些匯演的現代戲里，挑選了「智取威虎山」、「紅燈記」、「海港」。「紅燈記」是由李少春、杜金芳在中國京劇院演的「革命自有後來人」改編的。「海港」是當時的滬劇「海港」改的。

所以8個樣板先是上海2個：「智取威虎山」、「海港」，北京2個：「紅燈記」，「沙家浜」，還有山東京劇院的「奇襲白虎團」。這5個京劇被定下來，當局就集中了全國最好的演員、編劇、作曲家，重新創作及加工，最後把它們拍成了樣板戲。

其實在剛開始時也不叫樣板戲，叫「革命現代京劇」，一直到了1970年以後，才宣佈以這幾個戲作為樣板，定位「樣板戲」，全國要拍的現代戲都以這八個戲作為樣板。除了京劇，他們還拍芭雷舞劇，上海的芭雷舞劇是「白毛女」，北京的芭雷舞劇是「紅色娘子軍」。

例如「海港」主角是方海珍，方海珍是由李麗芳演的，當初在上海找了半天，也找不出這麼一個好演員，結果從寧夏京劇團找到李麗芳，她唱、演都非常好，所以就從寧夏把她調到上海京劇院的「海港」劇組，由她擔任主角。

樣板戲在中國的文藝史上是抹殺不掉的。第一，它開創了京劇的變革。第二，京劇自從有了樣板戲，它就以一個全新的姿態問世，無論在形式或內容上都有創新。但京劇的樣板戲有一個很大的弱點，就是要動用太多的人、包括一個大樂隊。

傳統的京劇只需要三四個人，叫做「跑龍套」的，假如你是皇帝的兵，你拿支旗出來轉一圈，往那一站就是兵了，之後換一個主角，就再換一個人，拿出道具來又站在那裡，「跑龍套」的人需要的比較少，兩個演員就是一台戲。現代戲沒有幾十個人根本不用談，單單樂隊就有幾十個人，還有各式各樣的群眾演員。

相較之下，芭蕾的演出形式也比較簡單隨意，獨舞、雙人舞、群舞都行，隨便一個舞台，沒有背景也可以演。芭蕾舞如果全部按照古典的劇本，完全是歐洲古代王子之類的，那也是一種套路，相較之下，「紅色娘子軍」、「白毛女」雖然有很多缺點，它畢竟是表演平常人的故事。

樣板戲音樂的「洋爲中用」

樣板戲音樂的改編原則是「洋為中用，中西合奏」。「智取威虎山」把上海音樂學院最好的首席小提琴手、首席小號、圓號，調到「智取威虎山」來伴奏，形成了一隻中西樂隊，8個樣板戲裡以「智取威虎山」最早使用了洋樂隊。

當時「智取威虎山」已經在演了，那時是由民樂隊伴奏，後來我們在北京演出時，突然來了很多洋樂隊員，有提琴手、有背著圓號的，全都跟我們住在同一個旅館。我們一開始不知道他們是幹嘛的，他們一天到晚在那練樂，我們每天早上到劇場去排練，他們就留在旅館裡練。

後來過了一個星期，我們在劇場練完了回來，聽到他們好像在練我們演出的「智取威虎山」，真是好聽，大家都圍在旅館大廳不肯離開，後來才明白這個洋樂隊是要跟我們的民樂隊合起來演奏的，以後演出就是中西合併的樂隊了。

我們那時準備把「智取威虎山」拍成電影，所以等他們練好以後就可以錄音了，然後演員也加入練唱，楊子榮、小常寶、少劍波都跟著樂隊練唱，之後我們就進錄音棚錄音、拍電影，一切都滿意了以後，我們再到人民大會堂裡面的小禮堂演出，演出時由江青審查，江青看完再提修改意見，定下來以後全國就定下來了。用洋樂隊伴奏的事，第二天人民日報就登出來了，說是「洋為中用」，說樣板戲以後用的就是這種樂隊。

京劇到美國當然也要改革，「橘生淮南為橘，生於淮北為枳」，就是「智取威虎山」也要經過改革，沒有江青這個改革，完全按照老的京劇套路，根本沒辦法演「威虎山」。

在中西樂隊伴奏錄音完成後，還沒有對外演出之前的五一勞動節，晚上在人民廣場放煙火，全北京的市民及8個樣本團都去了，下午4:00進場，晚上8:00放煙火。4:00進場時廣場全坐滿了，約10萬人，大家席地而坐，各個樣板戲的主角都坐在城樓上，等毛主席上城樓。我們團的小常寶、楊子榮都上主席台了，其他樣板團員坐在金水橋旁邊，離天安門很近，這已經算是特等待遇了，還有各個行業的工人、解放軍，都在人民廣場上等著。

這時高音喇叭開始放歌，什麼「大海航行靠舵手」，突然就改放了智取威虎山的「打虎上山」等唱段的錄音，是小常寶在8年前唱的，大家一聽，全都轟動了，怎麼那麼好聽啊，後來大家才明白這就是洋為中用的「智取威虎山」音樂，廣場上10萬人都鼓掌歡呼，當時我們也很振奮，也非常感動，覺得很自豪。從那以後，所有的8個樣板戲都啟用中西樂伴奏了。

1) 憶「智取威虎山」的作曲于會泳

于會泳被稱為樣板戲的操刀手，他原來是上海音樂學院民族系的教授，等於那系的系主任，後來他被調到上海京劇院。他一開始是在「海港」劇組作曲，後來他被調到「智取威虎山」，「智取威虎山」裡的中西樂合奏，全部都是他作曲的。

于會泳的發跡來自 1963 年，中央倡議發展「革命現代京劇」，江青對參與革命現代京劇的音樂工作者提出了三個標準：「一是要懂現代音樂；二是要懂戲曲的規律；三是願意搞現代戲的音樂創作。」這三點要求簡直就像為于會泳量身定做的。

1965 年 3 月 6 日，于會泳一腳跨進了上海「戲改創作小組」，被任命為「海港的早晨」（即後來的「海港」）音樂組組長。在京劇革命的道路上，江青越來越倚重于會泳，張春橋就把革命現代戲的改造工作全部交給了他。

1967 年 2 月，革命現代京劇改名為「革命樣板戲」，由于會泳全面負責。1967 年 5 月，于會泳被召進京參加五一國際勞動節天安門城樓觀禮，江青親自把他引見給毛澤東，他得到了領袖的青睞。從此，他的命運就和江青的命運綁在了一起。

1968 年 5 月 23 日，文彙報刊登了于會泳的文章「讓文藝界永遠成為宣傳毛澤東思想的陣地」，文章中他首次使用了「三突出」的概念：「在所有人物中突出正面人物；在正面人物中突出英雄人物；在英雄人物中突出中心人物」，而最讓江青心滿意足的是，于會泳把這個理論的發明權送給了江青。

自 1969 年拍攝電影「智取威虎山」開始，八個樣板戲要逐一拍成電影，而「海港」、「龍江頌」、「杜鵑山」尚未最後定型，還在不斷地修改中，于會泳繼續發揮著他的才華。尤其在「杜鵑山」中，于會泳的才能發揮到了極致，他把原來的唱腔進行了重大修改，為柯湘專門設計了一個象徵形象的音型，貫穿全劇，同時，在念白上全劇採用韻白結構，使「杜鵑山」基本實現了歌劇化，而京劇的韻味又得到了保留。「杜鵑山」中「亂雲飛」一段真的是美，讓人百聽不厭。

于會泳是個非常有才華的人。他曾在 1965 年文化大革命開始前，到上海京劇院做了一次報告，給我的印象非常深刻。他講到全國有多少個劇種，每個劇種的音樂、唱腔有什麼不同、有什麼特點。當他說到河北梆子時，馬上就會唱出河北梆子，說到京劇，馬上就會唱幾句京劇，他說到任何劇，都會講出那個劇音樂的特點在哪。

「智取威虎山」的音樂全是于會泳寫的，可以說沒有于會泳，就沒有「智取威虎山」，尤其是他以交響樂伴奏京劇，是個了不得的進步。

後來 「紅燈記」也請他去寫了幾段音樂，記得那時是浩亮演李玉和、劉長瑜演李鐵梅、高玉倩演李奶奶，就是他們三個演員在那唱。

上海京劇院後來又拍了「盤石灣」，也是由于會泳作曲，齊淑芳也是主演之一。「磐石灣」描寫發生在東南沿海漁港磐石灣，民兵抓特務的故事，後來被拍成電影來塑造民兵英勇的形象，只是剛要放映時，4 人幫就下台了，結果就沒有怎麼播放。

江青很重用于會泳，讓他當文化革命的藝術小組成員、也是內定的文化部長，在文藝小組裡有三個成員，除了于會泳，另一個是浩亮，是演李玉和的浩亮，還有一個是在「紅色娘子軍」裡的演洪常青的芭蕾舞演員。

1976 年 10 月 6 日四人幫垮台，于會泳被抓起來隔離，據說人民日報登出四人幫的鐵桿分子裡有他的名字，因為他是江青最信任的人。于會泳一害怕就自殺了，這一年，他才 52 歲。伴隨著于會泳離去的是中國戲劇史、中國音樂史、乃至中國歷史中留下的 8 個樣板戲。

于會泳與江青

2) 于會泳營救我父親

我的老家在江西吉安，我父親的武功相當好，父親的名字叫丁雲輝，是江西吉安京劇團的團長，他唱戲可文可武。有時他會邀請上海的一些名角，到我們的京劇團來演出，有位名角看見我在練功，就說，「這小孩武功那麼好，應該到上海去，我妹妹在上海京劇院是武旦，就讓她去跟上海京劇院的領導說一聲吧。」

那年我 14 歲，上海京劇院的人正好在上海精挑細選，找一些武功特別好的男生，來扮演「智取威虎山」裡的解放軍。因為我的父母、爺爺都是京劇演員，所以父親從小就教我練武功，因此我武打的基礎不錯，一下子就考進去了。記得當時除了我，還有一個年輕人，我們 2 個最年輕，其他的演員都是老資格的。

「智取威虎山」開場的第一句，就是我說的，「停止前進，報告參謀長，來到三叉路口」。當然主要的戲還是在英雄人物身上，像楊子榮、小常寶，他們的戲比較多一點，這就是「三突出」：突出正面人物，正面人物中突出英雄人物，英雄人物突出最主要的中心人物，如果誰都描寫一大段，那就誰都不突出了，戲不會好看吧。

後來發生了文化革命，因為我父親是京劇團團長，他被鬥成當權派、走資派，他們還開鬥爭大會來羞辱他，鬥完以後，再把我全家包括我媽媽、我弟弟，全都趕到農村去種地，叫我父親看守果園，生活非常困苦，沒有什麼工資，每個月就是幾塊錢。我那時在上海參加「智取威虎山」，每個月的工資是 65 塊錢，我就每個月寄 10 塊錢給我父親，全家就靠這 10 塊錢生活，真是苦不堪言！

一直到了我們在拍「磐石灣」的時候，我預先寫好一封信交給于會泳，他那時是文化組組長，相當於文化部長，正好要到我們團來開會。我在信中告訴他，我父親全家都是藝人出身，他一直在演戲，現在把他打成反革命，說他反黨、反毛主席，父親是冤枉的。他們這樣一直在迫害我的家庭，我也不能集中精力演好樣板戲，希望組織能幫助我父親解決這個問題。

于會泳人還真不錯，他讓上海京劇院領導馬上到江西找我父親，他們先是找到當地的領導部門說，「有一個丁雲輝，他兒子在上海是「智取威虎山」的，你立刻帶我去見丁雲輝。」見過之後，他們就命令當地管理人當場放了我父親，並說這是上面的指示，果然我父親很快就被放了，他終於得以回到城裡的家去了。

後來我父親說，那段日子很難熬，造反派經常會在半夜來敲門，大冬天夜裡把我父親及全家都趕到外面站著，外面可是冰天雪地啊，然後他們就在房子裡抄家，把家翻得亂七八糟才走。

父親是 1975 年被解放的，他那時下放已經三四年了。回家以後，他還到蘇州去教過一陣子書，是我們介紹的，後來他歲數實在大了，教不動了，就回家養老，他是快 80 歲時過世的。我的後母現在還在，我親生母親很早就去世了。

出國巡迴表演：西歐與日本

1964 年我 21 歲，第一次出國到西歐，包括法國、意大利、英國、德國、比利時、荷蘭、奧地利、瑞士、盧森堡等國演出，那也是中國京劇界首次赴歐的演出。我們的團叫「中國藝術團」，是綜合性的演出團體，團裡有 80 多人，包括上海京劇院、中國京劇院、東方歌舞團。

每個劇組有一個節目，像是我主演的京劇「秋江」、「三戰張月娥」、「白蛇傳」、「拾玉鐲」，音樂有拉胡琴、月琴的音樂家劉德海、張鋭，吹笛子的陸春林，還有東方歌舞團的舞蹈，就是我們三個劇組輪流演出。每場演出大約是兩小時，我們的團大約是演出 1/3 的時間。

我們在巴黎大劇院首場演出，就引起轟動，連站票都銷售一空。當時我們演出的「火鳳凰」、「三戰張月娥」、「鬧天宮」、「盜仙草」、「雁蕩山」都是武戲，並加上「秋江」這一齣文武戲，所有的節目均在事先經過周恩來和鄧小平的審定。

那次演出也是中國京劇界首次赴歐演出，所到之處，無不歡聲雷動，觀眾看得贊嘆不已。在慕尼黑演出時，三千多人的大劇場，座無虛席，我謝幕十幾次，贏得幾十次掌聲。

「火鳳凰」是60年代以我嫂嫂張美娟為首，創作出來的一齣戲，到了70年代，「火鳳凰」再度改編，這次是根據我個人的條件：我個子比嫂子矮，嗓子比嫂子高昂，編劇將舞雙槍改為舞大刀，武打技巧大大加強，該戲曾獲首屆華東戲劇藝術節首獎。

1987年，我帶著該劇赴德國漢堡參加藝術節演出，未演先轟動，開幕當天的劇目就是「火鳳凰」，我們在劇裡有唱歌、有武打，有高難度的踢槍、武打動作，並增加了芭蕾的托舉，還在托舉中踢槍，看得台下觀眾目瞪口呆，謝幕時全體起立報以熱情的掌聲。

1965年去西歐演出 右二：嫂嫂張美娟，右三：丁梅魁

同年，我率團參加維也納的國際藝術節，主演「青石山」、「白蛇傳」、「秋江」等戲獲得成功，被評為「技壓群雄的藝術家」。我後來又於 1979、1987 前後共三次去西歐演出。

我們也會跟外國演員一塊兒辦座談，大家互相磋商藝術。他們看到我們京劇是又唱又打，而外國戲劇則是要麼唱，要麼舞，不像京劇比較全面、比較綜合性，所以他們對我們的藝術、服裝、化妝，都非常感興趣。

到國外演出時，我們的節目也會按照外國人的口味，選一些節奏快的劇目，不讓他們覺得沈悶。我的武打戲動作比較激烈，像是「孫悟空」的武打戲，就很受他們的歡迎。我不會只唱青衣，我唱「秋江」、「青石山」，都是又唱又打，是綜合性的，外國觀眾喜聞樂見，眉開眼笑。

丁梅魁「孫悟空」扮相

1987年在慕尼黑演出獲得盛大成功

京劇裡演出的多是古老的故事，以手、眼神或服裝來表達，外國觀眾贊揚我們的頭面漂亮、化妝美艷、服裝華麗，無論是穿裙子或是甩水袖，中國的服裝都讓他們眼前一亮。

他們也請我們去看他們的戲，我看了歌劇、現代舞、芭蕾舞，我的感覺是西方的氣息很濃厚，歌劇演唱者的嗓音特別洪亮，表演非常細緻，所以我們在劇場裡聽起來也很過癮。

外國人是用嗓子唱歌劇的，他們會發出顫抖的高音。因為我不懂外文，唱詞我聽不懂，就只能聽他們的聲音，欣賞他們的嗓子，他們的唱腔有力、帶勁，力度極佳。我們則不會唱顫抖音，唱法比較溫柔，一般是用京胡伴奏的，以唱腔的輕重來委婉的帶出故事。

外國芭蕾舞我看的很多，也很能接受。我的外國朋友也很多，有些還會到中國會來找我。

1985、1986年我們去了日本，我們在日本演出「智取威虎山」，我們到過東京、大阪、京都、奈良，還有很多小地方，說不出名字了，基本上日本全國都跑遍了，農村及各個學校我都去過。

日本戲唱的節奏比較慢，我認識的日本人都非常愛看京劇，很能接受中國文化，他們說京劇很精彩，又唱又舞，服裝漂亮，化妝豔麗，而且台上動作優美。日本的戲劇也很特別，女性的表演都很柔美、優雅。他們的服裝樣式沒有中國多，他們就是穿著和服，我們則是每齣戲都有每齣戲的服裝及道具，他們的角色也不像京劇裡這麼多，武打也沒那麼頻繁。

1986年，我第二次去日本。

在日本演出時，我被日本學生團團圍住索要簽名，場面幾乎失控。國際上對我們的評價也是贊不絕口，接踵而來的是各種星光燦爛的稱謂：在奧地利維也納國際藝術節主演「青石山」，我被譽為「技冠群雄的京劇大師」，在德國漢堡國際藝術節演出「火鳳凰」，我被譽為「白衣皇后」，在日本演出時日本報界稱我為「日本人民最喜愛的京劇藝術家」。

これが京劇! 息をのむ立ち回り芸
上海京劇訪日団'86
京劇青少年劇場
超絶技巧、剣舞の華「白蛇伝」「青石山」"だんまり"のきわめつき
「三岔口」そしてご存じ「孫悟空」——待ってました面白名作選!
●日　時／1986年10月31日㈮　開演：午後6時30分
●場　所／調布グリーンホール
●入場料S席3,500円　A席3,000円(子供2,000円)　B席2,500円(子供1,500円)
※親子でお求めの方は2割引き
●申込先／話劇人社21世紀企画　☎03-293-5957　〒101 東京都千代田区猿楽町1-2-6(スミビル4F)
調布グリーンホール　☎0424-85-2211　〒182 東京都調布市小島町2-47-1
都内および調布市内各プレイガイド
◆主　催／調布・狛江日中友好協会/話劇人社21世紀企画/調布グリーンホール文化事業団
◆後　援／中国大使館文化部・国際演劇協会日本センター・調布市教育委員会
◆企　画／(財)日本青少年文化センター

☆上海京劇☆

上海京劇院メンバー紹介

●武旦

斉 淑芳（一九四三年生）（Qi Shufang）齐 淑芳

一九六〇年、上海市戯曲学校を卒業。一九五九年、上海市第一回青年戯曲コンクールで『盗仙草』を主演して優勝。同年、北京で『三戦張月娥』を主演したとき、その演技を見た梅蘭芳は「後継者ができた！」と絶賛し、ともに記念写真を撮った。

一九六〇年、上海青年京昆劇団の香港公演、一九六四年、中国芸術団の団員として西ヨーロッパ各国公演に参加した。一九七六年（昭和五十一年）上海京劇団とともに訪日し、今回は二回目である。一九七九年、上海京劇院第二次西欧公演に参加して、西ドイツのハンブルグ国際演劇の開幕式で『火鳳凰』を主演したとき『白衣の皇后』『神秘の乙女』という賛辞を受けた。

斉淑芳は文戯、武戯ともによくこなし、また、唱（歌）、做（しぐさ）、念（セリフ）いずれも中国の京劇界で一頭地を抜いている。甘く潤いのある声、真実味あふれるセリフ回し、きめ細かな演技は、人の心をとらえて離さない。とくに立ち回りでは、難度の高い技を優美にこなすことで定評がある。

今回の訪日公演では、『白蛇伝』の名場面『盗仙草』や『青石山』で人神の"超絶技巧"、一転して『拾玉鐲』では、可憐な娘役で小味のきいた演技を楽しませてくれる。

出演者

●武生

丁 梅魁（1943年生）

丁 梅魁

(Ding Meikui)

●武生

張 善元（1946年生）

张 善元

(Zhang Shanyuan)

●武丑

韓 奎喜（1950年生）

韩 奎喜

(Han Kuixi)

●武生

王 森源（1946年生）

王 森源

●武生

李 偉漢（1944年生）

李 伟汉

美術

●化粧

俞 夏菊（1940年生）

俞 夏菊

(Yu Xiaju)

●衣装

劉 林宝（1932年生）

上海京劇院成員介紹

●文武丑

孫　正陽（一九三一年生）(Sun Zhengyang) 孙 正阳

著名な京劇の丑（道化役）の俳優。中国戯劇家協会上海分会理事。

舞台歴は長く、六歳で初舞台を踏み、上海戯劇学校で羅文奎、関鴻賓らについて学んだ。孫正陽の演技は、渋の抜けた洒脱さ、一種の清潔感が特徴。歯ぎれのよいセリフと機敏な身のこなし、澄んで張りのある歌声とともに、上品な面白みを飄逸な持ち味で見せてくれる。丑（醜と同字）でありながら醜でないのが大方の評である。

また、人物の造形力にすぐれ、数多い持ち役の中で彩旦（女の道化役）でも出色の演技を見せる。今回の訪日公演の「拾玉鐲」では、お人よしでおせっかいやき、粋な計らいを見せる劉ばあさんの役、「猪八戒背媳婦」では猪八戒と二役を演ずる若い村娘に人気が集まるに違いない。

彼の持ち役、当たり芸をさらに紹介すると、機智に富み、豪快でさばさばした性格を見せる「鉄弓縁」の陳おっかあ、これと対照的に、おてんばで純な心がいじらしく少し間の抜けたところもある「櫃中縁」の少女役、武丑（立ち回りの道化役）では「七侠五義」の蒋平、「盗馬」の朱光祖があり、さらに現代劇では「智取威虎山」で匪賊役の欒平が評判になった。

海外では東欧、ソ連、西欧、日本、香港などの公演歴を持ち、その名人芸が喝采を博している。

音楽

●司鼓

李　朝貴（1944年生）
李 朝贵
(Li Chaogui)

●京胡

俞　家年（1947年生）
俞 家年
(Yu Jianian)

●二胡

黃　承林（1948年生）
黄 承林
(Huang Chenglin)

●月琴

趙　其山（1946年生）
赵 其山

●大鑼

馮　鎖林（1946年生）
冯 锁林
(Feng Suolin)

●鐃鈸

宋　華虎（1950年生）
宋 华虎
(Song Huahu)

事務局

呉　月華（1931年生）
吴 月华
(Wu Yuehua)

第一次來美國

1988 年，我第一次到美國來，我是請假出來的，因為美國朋友請我們來玩，順便表演一場。結果我們的演出廣受好評，我跟我先生就發現在中美相較之下，中國京劇演員在中國很多，美國那時還沒有正規的京劇，所以我們若留下來，可以把京劇帶給美國人及在美國生活的中國人，讓他們欣賞中國的傳統藝術，我們在美國更可以發揮我們的專長。

想通了之後，我和先生決定向國內的單位辭職，我們一起出來的還有四個京劇演員，共六個人：我、我先生、韓奎喜、李偉漢、王森源、李金紅，我們都一起向組織辭職了。

我們在美國的第一場演出非常轟動，那時我們白天演一場、中午一場、晚上一場，他們看完頭一場，就不想回家，接著再看第二場。著名的文學評論家、原哥倫比亞大學東亞系主任夏志清教授於 1989 年首次在紐約觀看我們「齊淑芳京劇團」演出後，撰寫長篇評論：

「一天連看兩場京戲還是平生第一遭，而且看得如此滿意，至少可說是定居紐約 26 年來，我還從未看過比 9 月 24 日那天更滿意的京戲。看第一場齊淑芳主演的《櫃中緣》就叫我很滿意，下一齣《三岔口》，丁梅魁飾演任棠惠，韓奎喜演劉利華，看得更過癮。而大軸戲《青石山》更是熱鬧精彩無比，齊淑芳自演九尾狐，看得全場觀眾，心花怒放，劇終掌聲不絕。」

「在第二場夜場《盜仙草》和《水漫金山》這齣戲中，我更對齊淑芳的武功表示驚奇，從戲中可以看出她功底深厚、技藝超群，舞台上的高難度動作 (絕活兒) 運用自如，且身段優美，嗓音高亮而甜美，在《青石山》中， 她用靠旗桿挑刀、繞刀、挑錘、繞錘，令人目不暇接。而在《白蛇傳》中的虎跳、前蹺、托舉踢槍、舞長綢踢槍，險而美、難而穩、觀後更是令人贊嘆不已，拍手叫絕。

須知，一般演《白蛇傳》主角通常由文武二旦合演，但齊淑芳能文能武，能將白素貞這一吃重的角色精妙地從頭演到尾。無疑的，齊淑芳是一位難得的全材的文武花旦。在京劇似已衰落的今天，能在紐約舞台上看到齊淑芳這樣一位集武旦、青衣花衫於一身的全才京劇藝術家的演出，不能不說是我們海外觀眾的額外福氣。」

觀眾這麼熱情，讓我們更覺得留下來是對的。國內的京劇演員很多，不少我一人，而我來美國演出，對發揚中國的京劇藝術，貢獻更大。

網路有文章亂說，說我們留下來的有三十幾個。我們那時沒有那麼多人，才六個，三十幾個可能是包括那時已經在美國的演員，或是從別州、別的城市來的，他們跟我們一起合作演出，或許還有我的幾個已經在美國的學生吧。

竟然還有媒體說我們是叛逃，真是胡說八道，我叛什麼逃，我當初出來是應私人單位邀請出來的，我是辭職出來的，這些都有證據可查，我為什麼要叛逃，我又沒犯罪。

1988 年起，「齊淑芳京劇團」每年都有演出，我們也有白人經紀人，我們到全美各個學校巡迴演出，我們一直還在演出，去年 (2022 年) 就演了 6 場。

我請我先生把這段美國緣起，講得更詳細一點。

紐約華埠新 JANUARY 20 (FRIDAY) 1989 世界日報 19 (THURSDAY) 1989

齊淑芳京劇團又將在紐約演出

夏志清

齊淑芳京劇團又將到紐約演出

夏志清

夏志清的兩篇文章

決定留在美國

到了 1988 年我們已經走過很多國家了，包括西歐各國及日本，對國外的情況有了一些認識。我發現在我們剛來的那時候，美國並沒有正宗的京劇藝術，京劇都是票友演出的，沒有專業的京劇演員，所以我們留在美國，應該會有很大的發展空間，我們還可以壯大中國的京劇事業，宣揚中國文化，所以我就決定我們要留下來，成立一個專業的京劇團。

齊淑芳每天都在練功，她不可能想到這麼多事，但我們在周遊各國之後，發現國外對京劇非常歡迎，而且美國人對京劇也特別欣賞。我們演出的第一場、第二場，除了我們六個演員、兩個琴師之外，其他都是學生、票友配合，跟國內專業劇團的演出質量無法相比，但就這樣我們也很轟動了。紐約時報的評論更是把我們說得特別好，所以京劇在美國是很有市場的。

在國內時，官方天天講要傳播中國京劇、傳播經驗，但我們不到美國來，怎麼傳播啊？既然我們已經在美國了，可以很方便的傳播，所以我們決定為了傳播京劇、發揚京劇留在美國。

這兒的票友、戲迷，也都勸我們留下來，捨不得我們走，說我們在這兒可以提高他們藝術表演的水平，那我們就留下來吧！後來除了我們，我發現其他一起來的八位團員也都有同樣的想法，所以我們就都寫信向京劇院辭職，全體留下來了。這時我們就去政府立案，成立「齊淑芳京劇團」，它是個非營利社團，享有免稅的優惠。

我們所成立的「齊淑芳京劇團」，跟同慶國劇社的「上海齊淑芳京劇團」是不一樣的，我們的京劇團由齊淑芳擔任團長，我是副團長。「上海齊淑芳京劇團」是何玉海、潘樹華的京劇團。我們來時拿的是三個月的簽證，期滿之後，我們脫離他們，就不屬於同慶國劇社了。後來我們很快的拿到綠卡，跟他們就完全沒有關係了。

在我們創團當初，因為人才很少，一切都很困難，我們裡面只有六位京劇演員，加上兩位樂隊的，也就是說 1988 年共來了 10 個人，裡面有 2 位是崑曲演員（史潔華、蔡青林），6 位京劇演員（我、齊淑芳、韓奎喜、李偉漢、王森源、李金紅），2 位樂隊的（琴師叫黃承林、鼓師王呈祥），琴師是原來上海京劇院跟我們一起的，鼓師是揚州京劇團的，大家都贊成在美國成立「齊淑芳京劇團」，發揚中國京劇文化，至今年 2023 年，「齊淑芳京劇團」已經成立 35 年了。

我們最初來美國時，只有齊淑芳拿 H1 簽證，其他人都是拿旅遊簽證。H1 簽證是專家級別，三個月以後簽證到期了要延期，延期完就申請綠卡。美國移民律師一看到齊淑芳的材料就說，「你有一張在國內跟毛主席合拍的照片，在美國又有紐約時報說你演的好，有這兩項成就，你就符合特殊人才的要求了。」所以他為齊淑芳申請傑出人才的 EB-1 綠卡，兩三個月後就被批准了。

前排：右起：史潔華、何玉海、丁梅魁、齊淑芳、潘樹華。
後排右起：蔡青林、李金紅、黃承林、韓奎喜、王呈祥、王森源、李偉漢（只有半個身的）

至於其他一起來美的八個人，因為正好趕上六四後布希總統頒發的新法：只要在六月四日之前來，身份合法的中國人都可以留下來，所以他們的身份也都合法了。我是齊淑芳的配偶，她拿到綠卡，我也拿到了。

「齊淑芳京劇團」於1988年成立以後，一點一點的耕耘，如果角色演員不夠的話，就請票友或是我的美國學生幫忙。後來中國開放了，不斷的有專業人員來美，像是樂師、演員都出現了，國內同行也聽說齊淑芳在美國成立了一個京劇團，他們都想來美國參加，我們的隊伍也就慢慢壯大了。

我們當初來美國，是由紐約「同慶文化藝術中心」邀請的，我們來了以後住在社長家裡，社長叫何玉海，夫人叫潘樹華。最早是他們夫妻2個人到上海來，我和齊淑芳接待他們。他們就邀請我、齊淑芳、她的嫂嫂和大哥4個人來美國玩，但是齊淑芳大哥是上海戲校院長，大嫂是校長，都走不開，我就說，「他們不來，我們來吧！」他也答應了。

但後來中國官方接到了日本的邀請，要我們去日本演出，由齊老師領銜主演，所以我們就沒去成美國。第2年何社長又辦好了手續，但我們再度接到日本的邀請，第3年是西歐的邀請，包括德國、奧地利、盧森堡、比利時、荷蘭、英國，三次我們都要到國外去演出，都無法去美國，一直到1988年我們才成行。

我們來美國不是由什麼外國國家邀請的、也不是中國派出來的，就是一個私人單位邀請我們。有人在網路上亂傳，說什麼叛逃，傳到後來越變越離譜。我們分析，就是有人妒忌齊淑芳、妒忌我們，就發文給能夠上網的那些亂七八糟的小網站來汙衊我們。當時大陸的官方不管這件事，他們也不會上網去看小道消息，而且我們是私人出來旅遊的啊！

何玉海社長最早是希望我們來美國慶祝「同慶國劇社」成立五週年，順便來美國旅遊一下，看看風景。比何社長更早寫信邀請我們的是他們的副社長孔進，他原來是上海京劇院的琴師，我們是朋友、也是同事，他80年代就來美國了。

我們剛來的時候，發現美國居然沒有專業的京劇演員，但美國觀眾非常喜歡京劇，這裡正是弘揚京劇的廣大市場，也由於當時國內幾乎沒有京劇團來美國演出，美國觀眾看不到真正精湛的京劇，所以若有一個專業的京劇團，直接向美國人民傳播京劇，是很有意義的。

於是我們做了一個大膽的決定：留在美國弘揚京劇。我們寫信向上海京劇院說明留美原因，遞交了辭呈，同時也向中國駐紐約總領館文化參贊王領事說明留美原因。

同慶國劇社

TUNG CHING CHINESE OPERA ASSOCIATION

147-17 45 Avenue
Flushing, NY 11355
U.S.A.

U.S. Consulate
Shanghai, P.R.C.
1469 Huai Hai Middle Road
Box 200
F.P.O. San Fransisco, CA 96659-4100

ATT: Mr. Keith Powell II - U.S. Consul

Dear Mr. Powell:

Please be advised that I was recently made aware, by the letter from the artists in Shanghai, that Petition H-1 is necessary for your Consulate to issue visas for them to accept the invitation of Tung Ching Chinese Opera Association, Inc. I called the Visa Office in Washington, D.C. at (202) 663-1972 asking for advise, because three artists have already arrived from Taiwan on January 9, 1988 with the same invitation letter from us and they come with B-1 visas. I was wondering if the two U.S. Consulates in two different Chinese places might have different laws, therefore, I called up Visa Office in Washington, D.C. to inquire. I found that this group of artists are entitled to B-1 visa under Section 22 C.F.R. 41. 25(b). They also advised me to write to you and give you more detailed information and ask you to reconsider this case.

Tung Ching Chinese Opera Association, Inc. is a non-profit Corporation (please see copy of the legal documents enclosed) organized by a group of Chinese amateurs who gathered together at their leisure with the direction of two talented artists, learning and practising, searching for professionalism for their future theatre. At present we have two employees and twenty-five volunteer members. This Organization is funded from two major sources: One source is the grants totalling $30,000 from different governmental Arts Councils. The other $42,000 comes by the way of donations from members and the general public. In addition, the space rental for our workshop and its insurance coverage totalling $6,600 annually are donated by a member of ours.

In New York, among fourteen Chinese Opera Associations, Tung Ching is best known in producing authentic Chinese operas. We are encouraged by Mr. Percy Douglas from Radio City Music Hall to join the First New York International Festival of the Arts from June 11 to July 11, 1988 (please see New York Times copy enclosed). For this purpose we set up a cultural exchange conference from February 27 to March 27, 1988. The date for this meeting has been already changed twice due to the absence of the artists from Shanghai. The presence of these ten artists is

這時同慶社社長說，「你們既然來了就演出吧，齊淑芳那麼有名，而且大家都知道她來了。」所以我們就友情演出一場，第一場演「白蛇傳」。

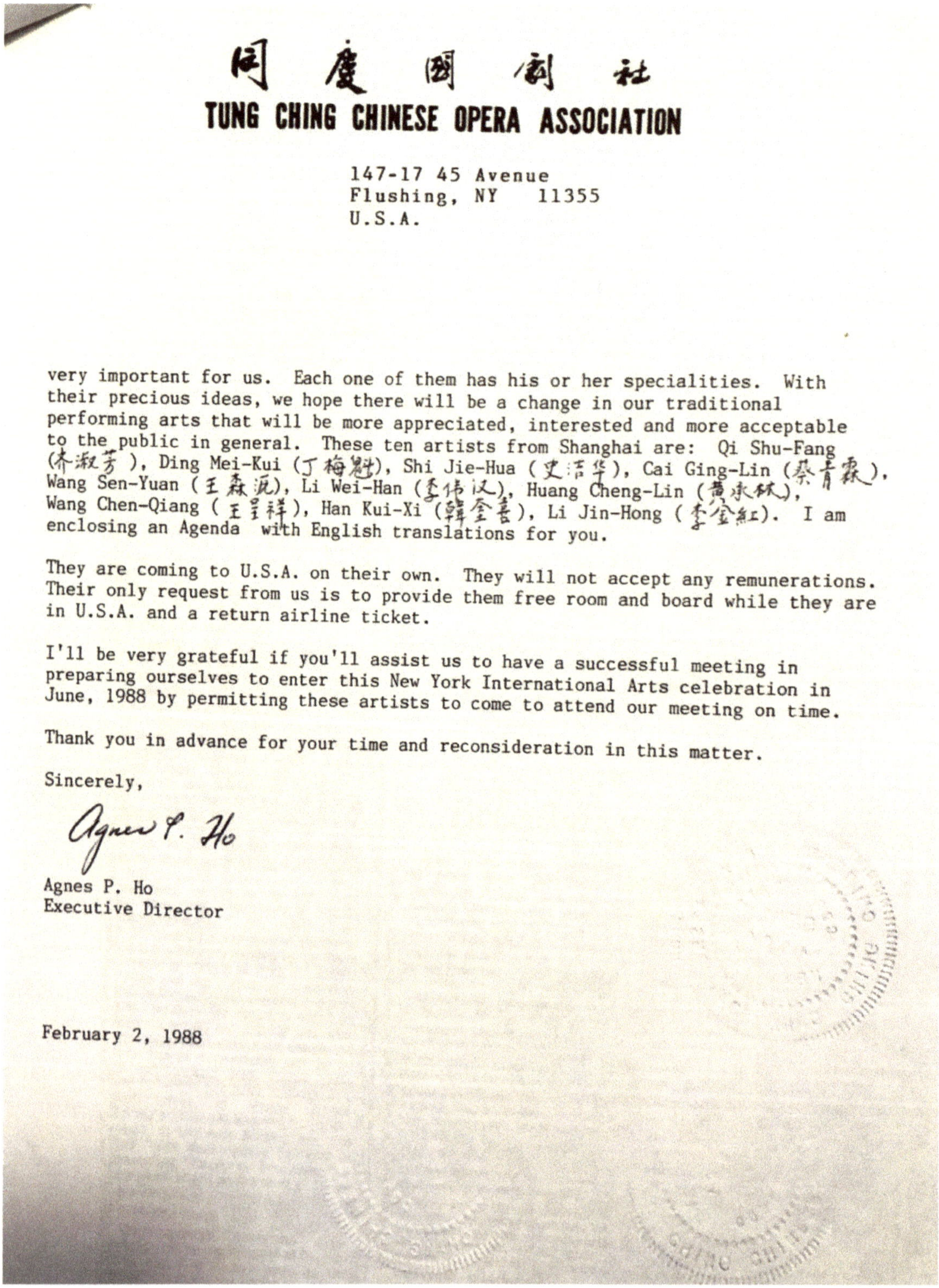

同 慶 國 劇 社

TUNG CHING CHINESE OPERA ASSOCIATION

147-17 45 Avenue
Flushing, NY 11355
U.S.A.

very important for us. Each one of them has his or her specialities. With their precious ideas, we hope there will be a change in our traditional performing arts that will be more appreciated, interested and more acceptable to the public in general. These ten artists from Shanghai are: Qi Shu-Fang (齐淑芳), Ding Mei-Kui (丁梅魁), Shi Jie-Hua (史洁华), Cai Ging-Lin (蔡青霖), Wang Sen-Yuan (王森源), Li Wei-Han (李伟汉), Huang Cheng-Lin (黄承林), Wang Chen-Qiang (王呈祥), Han Kui-Xi (韓奎喜), Li Jin-Hong (李金紅). I am enclosing an Agenda with English translations for you.

They are coming to U.S.A. on their own. They will not accept any remunerations. Their only request from us is to provide them free room and board while they are in U.S.A. and a return airline ticket.

I'll be very grateful if you'll assist us to have a successful meeting in preparing ourselves to enter this New York International Arts celebration in June, 1988 by permitting these artists to come to attend our meeting on time.

Thank you in advance for your time and reconsideration in this matter.

Sincerely,

Agnes P. Ho

Agnes P. Ho
Executive Director

February 2, 1988

1) 1989 年 首演「白蛇傳」，轟動紐約

當時我們找不到其他專業的演員可以同場演出，還好有一位香港來的京劇老演員和他的七八個年輕的外國學生在，我們一看挺好，這一幫學生就跟我們一起演出第一場「白蛇傳」，一演就轟動了。

大家都說，「哎唷，齊老師怎麼演得那麼好？」他們說幾十年也沒見到大陸的演員，這次看到了才知道大陸的演員那麼出色，武功好、唱的又好。

演出之後，紐約「世界音樂協會」World Music Institute.org 的執行董事及藝術總監 Robert Browning 很看重我們，這是個主流的白人音樂組織，他們都是邀請世界一流的音樂團表演的，他說，「我邀請你們 1989 年 9 月份來外百老匯劇場演出。」當時他是跟何玉海談的，我們就答應了。

外百老匯的劇場叫 Symphony Space，「世界音樂協會」的廣告做的很大，他們也在紐約時報做廣告，所以一下子我們演出的「青石山」就客滿了，不但戲院裡面爆滿，外面還大排長龍等待是否有人退票。演出第 2 天，紐約時報就登出評論來了，大大誇獎我們一番，在這個情況之下，我們發現當初決定留在美國是對的。

傳，當局將在今後數年內動用三億五千萬元，來挽救千瘡百孔的威廉斯堡橋，使該橋免遭拆卸的厄運。由於下東城係往威

菊壇著名武旦齊淑芳 將應邀率團來美獻藝

七月十七日在丕士大學開鑼公演 將上演「白蛇傳」等膾炙人口名劇

【本報紐市訊】來自上海的齊淑芳京劇團，將於七月十七日下午二時，假華埠佈丕士大學劇場開鑼，著名菊壇武旦齊淑芳女士屆時將領銜主演全本「白蛇傳」，在這次訪美首場公演之後，還將於九月二十五日在西四十三街一二三號的大會堂，公演「孫悟空大鬧御馬監」、「雙下山」、「三岔口」、「青石山」。

該團是應紐約同慶文化藝術中心董事長潘桐華、主任何鈺海之邀來美的，由上海京劇院、上海昆劇院的部份主要演員組團作私人出訪，全團十人，除齊淑芳外，還有武生會導演丁桐魁，老生王森顏，武生李偉濱，文武旦小花臉苏青霖，昆曲花旦史濱華，文武丑韓奎齊，文武花臉李金紅，琴師黃承林，鼓師王□祥。

該團是五月十一日抵美的，連日來登門拜訪在紐約的同行和戲友，暢敘京劇藝術振興，於週五（十日）下午特假座華埠金輝大酒樓向記者「亮相」。當年在革命樣板戲「智取威虎山」中飾演小常寶一角的齊淑芳，而今雖屆中年，風姿不減，據稱，至今其演藝更是爐火純青。

以上兩場公演的票價分五十、三十五、二十五和十五元，同慶文化藝術中心地址、電話：

TUNG CHING CHINESE CENTER FOR THE ARTS, INC
142-17 45th Ave
Flushing, N.Y. 11355
(718) 539-4652

Reviews/**Dance**

From Shanghai, Opera And Mirth of Qi Shufang

By JACK ANDERSON

Qi Shufang, in the Qi Shufang Beijing Opera Troupe of Shanghai's production of "The Green-Stone Mountain," about a magic fox who turns herself into a woman who battles warrior gods.

A mixture of song, dance, declamation and acrobatics, the traditional Chinese theatrical form known as Beijing opera is not confined to one Chinese city. Wherever it may thrive, it can offer great entertainment. That was evident Saturday night when the Qi Shufang Beijing Opera Troupe of Shanghai came to Symphony Space with a program of comedy, fairy tales and acrobatics.

Although it makes use of vocal and instrumental music, Beijing opera has little in common with Western opera. The Chinese form includes long passages of dialogue and there are danced episodes and exhibitions of tumbling. If Beijing opera is akin to any familiar Western theatrical form, it in some ways resembles the Broadway musical.

•

The Shanghai company, presented here by the World Music Institute as part of an American tour organized by the Tung Ching Chinese Center for the Arts in Queens, offered substantial excerpts from three works, "The Chest," "At the Crossroads" and "The Green-Stone Mountain." Each revealed a different facet of Beijing opera. And each was accompanied by musicians seated at the side of the stage playing Chinese stringed, wind and percussion instruments.

The emphasis was upon comic dialogue and gesture in "The Chest," which told how a young woman conceals a young man from his enemies by hiding him in a chest. When her family discovers him, they are shocked. But when she tells them the truth, they forgive her and marry her off to the youth.

Although the dialogue was in Chinese, the theatergoers who were unfamiliar with were delighted, thanks to the performers' mimetic abilities. Miss Qi, the company's founder and star, was a sweet heroine, who demurely fluttered a handkerchief. But her resourcefulness revealed that she was sly as well as sweet. Han Kuixi was funny as her pompous brother, an overgrown spoiled baby of a lad given to sulks and tantrums.

•

Mr. Han was even more admirable as a suspicious innkeeper in "At the Crossroads." In this work, a man being led to trial in another city is trailed by a loyal friend who wishes to make sure no harm comes to him. But the innkeeper thinks the friend a ruffian, and his mistake brings about one of the most famous scenes of the Beijing opera repertory. Friend and innkeeper prowl through the darkened inn, forever on the verge of bumping into each other in a comedy of near-misses.

What makes this scene unusual is the way that the action, which supposedly takes place in darkness, occurs on a stage flooded with light so that every dodge and maneuver is visible. And with Ding Meikui — a noble-looking friend — and Mr. Han as the prowlers, the Shanghai company made the audience giggle and gasp. During their nocturnal rambles, the men did flip-flops and somersaults and nearly came close to stabbing one another. Yet just as their bodies never touched, so their blades failed to nick each other. In this scene, comedy, acrobatics and the martial arts were memorably united.

Another such union occurred in "The Green-Stone Mountain," a fairy-tale spectacle about a magic fox who turns herself into a coquettish woman and battles warrior gods. Portraying a scholarly youth smitten by her charms, Wang Senyuen wandered about in a perpetual and amusing daze. Wearing masks with ferocious faces and carrying shields with animal heads on them, the gods, led by Ho Yuhai, were fearsome.

Miss Qi was the fox, and she was first glimpsed in a fox mask. She turned her back and when the audience next saw her, she had a human face. At times, Miss Qi was as coy as her heroine in "The Chest." But that was only a pretense.

Miss Qi has studied the martial arts and is an expert in what are known as woman-warrior roles. She displayed her virtuosity in this field during the battle with the gods, defying a whole army of swordsmen.

And when her adversaries threw lances and cudgels at her, she repelled these weapons by knocking them away with her shoulders, her feet, her knees and even the palms of her hands. How a slight flick of a gesture can deflect such heavy objects is a secret known only to experts in Chinese martial arts and Beijing opera. As she portrayed an imaginary magical creature, Miss Qi created magic on stage.

New York Times, January 23, 1989

ArtsPower（www.artspower.org）是紐約一家很大的藝術經紀公司，他們看到紐約時報的評論後，也來找我們了。

2) 與 ArtsPower（1990-2006）簽了經紀約

ArtsPower 經紀公司先是打電話給我們，之後直接上門，他說，「我們想當你們的經紀人。」我說，「那太好了，我們非常需要！」雙方就簽了合同。他們後來每年給我們安排很多場演出，一年約一百多場，有時一天演兩場。

ArtsPower 跟我們簽合同的內容是由他們給我們一場戲多少錢，剩下的錢是多是少我們就不管了。他們會替我們安排到什麼地方去，坐什麼飛機去。一下飛機，那邊的車子就已經安排好了，然後我們開著車，大型、中型、小型都不一定，

Symphony Space
QI SHU FANG BEIJING OPERA 3.10 8 PM
MELODIUS ACCORD POEMS & SONG SUN 7
FACE THE MUSIC TUES 3.13 8 PM
PAPER BAG PLAYERS SAT SUN 2 PM
SYMPHONY
SYMPHONY SPACE
INCOME TAX
90 3 10

Symphony Space
QI SHU FANG BEIJING OPERA 3.10 8 PM
MELODIUS ACCORD POEMS & SONG SUN 7
FACE THE MUSIC TUES 3.13 8 PM
PAPER BAG PLAYERS SAT SUN 2 PM
SYMPHONY
INCOME TAX

要看是哪種場地，他們連旅館也訂好了，反正我們就是按照他們的要求去做。

他們會提早發來演出計劃，16 年來我們就一直這樣的合作，從 90 年開始，我們走了幾十個州，將京劇藝術的種子播撒在美國數百個縣市的大學、中學和小學的課堂，在各種藝術節和劇場演出數千場，觀眾達百萬人次。

到處演出是很辛苦的，比如說到一個學校去演出，有時候坐飛機，有時候坐汽車，都得一早出發，一天演出好幾場，很累！後來齊老師歲數大了，我們就退下來，2006 年我們終止了這份合約。

其實無論報酬多少，演出場地好壞，觀眾多少，齊老師總是堅持親力親為，邊講課邊表演，一絲不苟地展示京劇的魅力。「剛開始他們根本不知道京劇是什麼，對中國的瞭解也很少，我們只能靠現身說法，讓他們親身感受到京劇就是這麼回事。」

齊老師收了很多洋學生，她演「白蛇傳」，就讓孩子們扮演「水漫金山」中的蝦兵蟹將，孩子們和家長都興奮極了。

1992 年 8 月 12 日，在紐約林肯中心舉行的第 22 屆「戶外藝術節」上，齊淑芳演出「三岔口」和「白蛇傳」中的折子戲，演出途中突然下起大雨，3000 多位觀眾冒雨觀看，齊淑芳深深的被感動了，她四次謝幕，觀眾仍久久不願離去。

As seen in...

The Pulitzer Prize-Winning
WASHINGTON
DAILY NEWS
The Voice of the Pamlico

WASHINGTON, NORTH CAROLINA, SATURDAY, FEBRUARY 7, 1998

Dance Asia serves up taste of Peking Opera

By Jennifer Murphy

Peking opera singers, using the universal language of music, thrilled more than 2,000 Beaufort County school children Friday.

Merrianne Moore, Qi Shu Fang, Xin Peng, and Ding Mei Kui performed segments of traditional Chinese operas.

The first-, second- and third- graders that filled the Washington High School auditorium bounced in their seats and hushed each other as one child after another broke into peals of laughter or squeals of delight.

The Dance Asia troupe performed in the morning for kindergarten students and in the afternoon for the older students. They found the music strange and the acrobatics amazing.

Desmond Griffin, 6, couldn't stop talking about his first encounter with Chinese opera.

"He did a double twist flip! He was doing those and he kept on doing those cartwheels! And a double twist back flip!" he said.

Desmond was less impressed with the singing.

"It was funny. It hurt my ears when they sang that," he said.

Several other Eastern Elementary School students crowded around Desmond to express their pleasure with the performance.

The students gasped and let out "oohs" and "aahs" like a crowd watching fireworks. The auditorium echoed with their applause.

Ms. Moore, the only performer who speaks English, explained to the children that the Peking Opera is not like Western theater in many ways. In addition to singing, Chinese opera uses dance, acrobatics, mime, and martial arts to tell a story.

It is customary in China for the audience members to cry "Hao!"- or "Good!"- as the singers leap and perform acrobatics. The enthusiasm helps the performers, encouraging them as they perform the complex and difficult maneuvers, she said.

The children who cheered screamed "Hao!" so loudly that some clamped their hands over their ears and shut their eyes.

Others were mesmerized by the exotic costumes and unfolding drama. They simply stared openmouthed at the stage.

Impressed as they were, the students probably didn't realize that this was a brush with fame.

Qi Shu Fang stars in ArtsPower's Dance Asia.

Qi Shu Fang, who drew giggles and laughter by pantomiming a parody of a teenage girl's wiles and antics, has performed for Mao Tse Tung and Margaret Thatcher.

She founded the Qi Shu Fang Peking Opera, which boasts the top musicians and actors from China. The 35-member company performs at Lincoln Center every year.

She and her company have lectured and given demonstrations at Harvard, Yale, Columbia and other universities across the country.

Ms. Moore said the training for Peking Opera students is rigorous and begins early. She was able to study the art form when a foreign-student program opened in Beijing's opera school. She was one of the four students to attend.

"I studied full-time, morning 'til night," she said.

The Chinese students begin preparing as early as 6, and they study for six years before they are eligible to take the entrance exam for the school. If they pass the exam, they will spend all morning training, the afternoon studying traditional subjects and the evening performing.

Although the violent discipline methods portrayed in the movie "Farewell My Concubine" have been curtailed, Ms. Moore said the degree of intensity was similar.

"They have stopped doing that because they realized that it is not good," she said.

Although the schools no longer use physical brutality to drive students, they still find ways to harden them.

Ms. Moore said it is necessary because the performers have to be able to endure the pain and drive themselves. They have to cultivate the degree of discipline to get through a performance, she said.

She likened the experience of training to the Olympics or the life of a professional ballerina. The many grade-school performances help dancers keep in shape.

"We probably do over 100 performances like this per year," Ms. Moore said.

Ding Mei Kui said the troupe enjoyed bringing its culture to the students. The performances they design for children differ somewhat from formal opera.

"It is important to explain as you go along so they know what they're seeing," he said. "The performances for children are more visual and have simple stories, something that kids can grasp."

Many children said that their favorite selection was "Fighting in the Dark."

Ding Mei Kui and Xin Peng portrayed two warriors on the same mission, who mistake one another for enemies in the dark at an inn after bedtime. As the comedy of errors unfolded, the children's excitement increased. They thought it was hilarious.

"He hit his nose!" Desmond said, redescribing the mistaken adversary's first encounter: one peers into the "dark" until he bumps the other's foot.

"And he didn't see him!" Desmond giggled. "And he smelled that nasty smell of the shoe!"

ArtsPower
NATIONAL TOURING THEATRE

到了 2001 年，我覺得時機不錯，可以水到渠成了，「齊淑芳京劇團」就於當年主辦首屆的「中國京劇藝術節」，當時美國已經有幾十個優秀的專業京劇演員了。齊淑芳表演了全本「白蛇傳」及折子戲「櫃中緣」、「打虎上山」等。

紐約時報的一篇文章稱京劇在某種程度上，與百老匯的音樂劇可以比肩，贊揚齊淑芳在舞台上創造了奇蹟。回首她在美國的京劇人生，齊淑芳在執著中透著自豪。「無論遇到什麼困難，我從未想過改行或者放棄京劇，」她說，「我會一直演下去。」

讓我們生氣的是，竟然有人在網上忌妒到胡說八道，說我們混不下去了，什麼哀聲歎氣，流落街頭，在餐館打工，要靠鋼琴大師殷承宗接濟辦綠卡，都是一派謊言。

近来网上频传我帮齐淑芳办绿卡的事纯属谣言，特此证明。

殷承宗 

2021年7月26日

中國那時很少派京劇團來美國演出，就算他們來了，也就演個兩三場，完了就回國了，所以對宣傳中國京劇來講，我覺得我們的功勞最大，全世界有幾百萬人看過我們的演出，親眼見識到京劇之美。我們當初若留在國內，只有中國人能看到我們的演出，格局就太小了。

也有人問我，「現在國內發展的這麼好，你們待在外面，後悔不後悔？」我說我們不後悔啊，我們在外面能做的事，你們根本比不了。你們在國內演出有什麼用啊，就是演給中國人看看。而且像上了年紀的那些藝術家，都沒有演出機會了，只能曬曬太陽養老！幾個樣板戲的女主角，現在她們都待在家裡，只有幾個重要的場合出來唱一段，就了不得了，她們都覺得很光榮，只是她們的嗓子都沒了，都唱不回原來的調了。

齊淑芳在美國毫無間斷的演出京劇，有多少外國人看過她的演出，如果當初就是待在國內，是不可能有這種成績的，所以我們一點也不後悔，還很驕傲。

去年元宵節，華盛頓請齊淑芳去他們辦的元宵節晚會上演唱，齊淑芳唱了四大段，他們個個都感到震驚，80 歲的嗓子還那麼好，唱的還那麼驚艷，我們把這個視頻送回國內，大家看了也都很震撼。

現在國內玩京劇的年輕一代也有，但他們到了 60 多歲就得退下，就沒地方可去了。聽他們說，現在國內也開始有了私人的民間劇團，那些退下來的老人可以跑到那兒去演出，只是難免感嘆時不我予。比起他們的沒落及寂寥，我們能夠留在美國宣揚國劇，深感慶幸。

中國那時很少派京劇團來美國演出，就算他們來了，也就演個兩三場，完了就回國了，所以對宣傳中國京劇來講，我覺得我們的功勞最大，全世界有幾百萬人看過我們的演出，親眼見識到京劇之美。我們當初若留在國內，只有中國人能看到我們的演出，格局就太小了。

也有人問我，「現在國內發展的這麼好，你們呆在外面，後悔不後悔？」

我說我們不後悔啊，我們在外面能做的事，你們根本比不了。你們在國內演出有什麼用啊，就是演給中國人看看。而且像上了年紀的那些藝術家，都沒有演出機會了，只能曬曬太陽養老！幾個樣板戲的女主角，現在她們都呆在家裡，只有幾個重要的場合出來唱一段，就了不得了，她們都覺得很光榮，只是她們的嗓子都沒了，都唱不回原來的調了。

齊淑芳在美國毫無間斷的演出京劇，有多少外國人看過她的演出，如果當初就是待在國內，是不可能有這種成績的，所以我們一點也不後悔，還很驕傲。

去年元宵節，華盛頓請齊淑芳去他們辦的元宵節晚會上演唱，齊淑芳唱了四大段，他們個個都感到震驚，80 歲的嗓子還那麼好，唱的還那麼驚艷，我們把這個視頻送回國內，大家看了也都很震撼。

現在國內玩京劇的年輕一代也有，但他們到了 60 多歲就得退下，就沒地方可去了。聽他們說，現在國內也開始有了私人的民間劇團，那些退下來的老人可以跑到那兒去演出，只是難免感嘆時不我予。比起他們的沒落及寂寥，我們能夠留在美國宣揚國劇，深感慶幸。

"All the News That's Fit to Print"

The New York Times

The Arts

NEW YORK, MONDAY, OCTOBER 8, 2001

Year of the Snake Brings A Tale of Earthly Rapture

Hiroyuki Ito for The New York Times

u Zhang, left, Qi Shu Fang and Bing Yang in "White Snake."

OPERA REVIEW

Tale of Rapture To Celebrate Year of the Snake

By JAMES R. OESTREICH

Not every year in the Chinese cycle of 12 suggests such an obvious choice for celebration in Chinese opera. But the present Year of the Snake demands the millennium-old tale "The Legend of the White Snake," which, in more modern operatic manifestations, is suddenly sprouting around town.

Over the weekend Chinese Theater Works presented an abbreviated family version, "Whitesnake," in English at Here in Greenwich Village. In coming weeks the Pan Asian Repertory Theater is to offer another family version on a smaller scale at the West End Theater on the Upper West Side. Perhaps most important, the Qi Shu Fang Beijing Opera Company staged the work on Saturday evening in the Kaye Playhouse at Hunter College.

Hiroyuki Ito for The New York Times

Qi Shu Fang at first Bejing opera festival.

Important not only because of the grandeur of the production — complete and elaborately furnished with typically beautiful costumes, atypical painted backdrops and, as the inevitable centerpiece, teeming acrobatics and martial arts — but also because it was merely part of a Beijing opera festival said to be the first in an anticipated annual series.

On Friday the company began with a program of excerpts from other works, ancient and more contemporary. In "The White Snake," the immortal creature of the title takes the earthly form of a beautiful young woman, Bai Su Zhen, who, aided by her maid, Xiao Qing, a similarly transformed blue snake of lesser immortality, marries a young scholar, Xu Xian. Xu faints dead away when he encounters his bride reverted to original form but is revived for an ending of modified rapture.

Qi Shu Fang, who moved to New York from Shanghai in 1987, remains a formidable star, though now in her late 50's. Her singing as Bai was lovely at times, though tremulous, edgy and shrill at others, partly, no doubt, because of amplification as painfully blatant as that of a Broadway show.

A show of twirling, tossing and deflecting spears.

Physically, Ms. Qi (pronounced CHEE) is still remarkably agile and an absolute master of her specialty in the variety show that is Beijing opera, twirling, tossing, catching and deflecting mock spears. That specialty was central in "The White Snake" and climactic in "The Flaming Phoenix," which ended the program on Friday.

"The Flaming Phoenix" was an unusual offering, a "traditional modern Chinese opera" in the words of the producer, [illegible] Chow, created in 1961 for Ms. Qi's sister-in-law, from whom she learned it. The music is both modernized, with a synthesizer prominent amid a little band of traditional instruments, and Westernized, with a strong bass line supporting rich harmonies.

Only in "Hideout of Life and Love," also on Friday, did Ms. Qi's inescapable maturity seriously impinge on her portrayal, making the young heroine seem more childish than childlike.

With her husband, Meikui Ding, a stage director, Ms. Qi maintains a fine company of mostly young and vital performers. Wenbei Jin was particularly delightful as Xiao Qing in "The White Snake." (The character, for those who saw Lincoln Center's epic production of "The Peony Pavilion" two years ago, follows the impish type of the maid Spring Fragrance.)

The Friday program began with a tour de force of tumbling, "The Heroic Sacrifice," starring Guichen Zhao. It also included a brief excerpt from one of the eight "model" operas produced for the Cultural Revolution, "Taking Tiger Mountain by Strategy." Because the orchestral demands of that Western-leaning score far exceeded the capacity of the 15 musicians here, a recording was used, including the voice in the lone song presented, so that the lead performer, Xin Peng, was left mostly to lip-sync.

Projected titles, only modestly reliable elsewhere, delivered the dubious message of this piece clearly: "Welcome a new spring for mankind." One listener was left clinging to the more modest hope held out that the two evenings as a whole might herald a new spring for Beijing opera in New York.

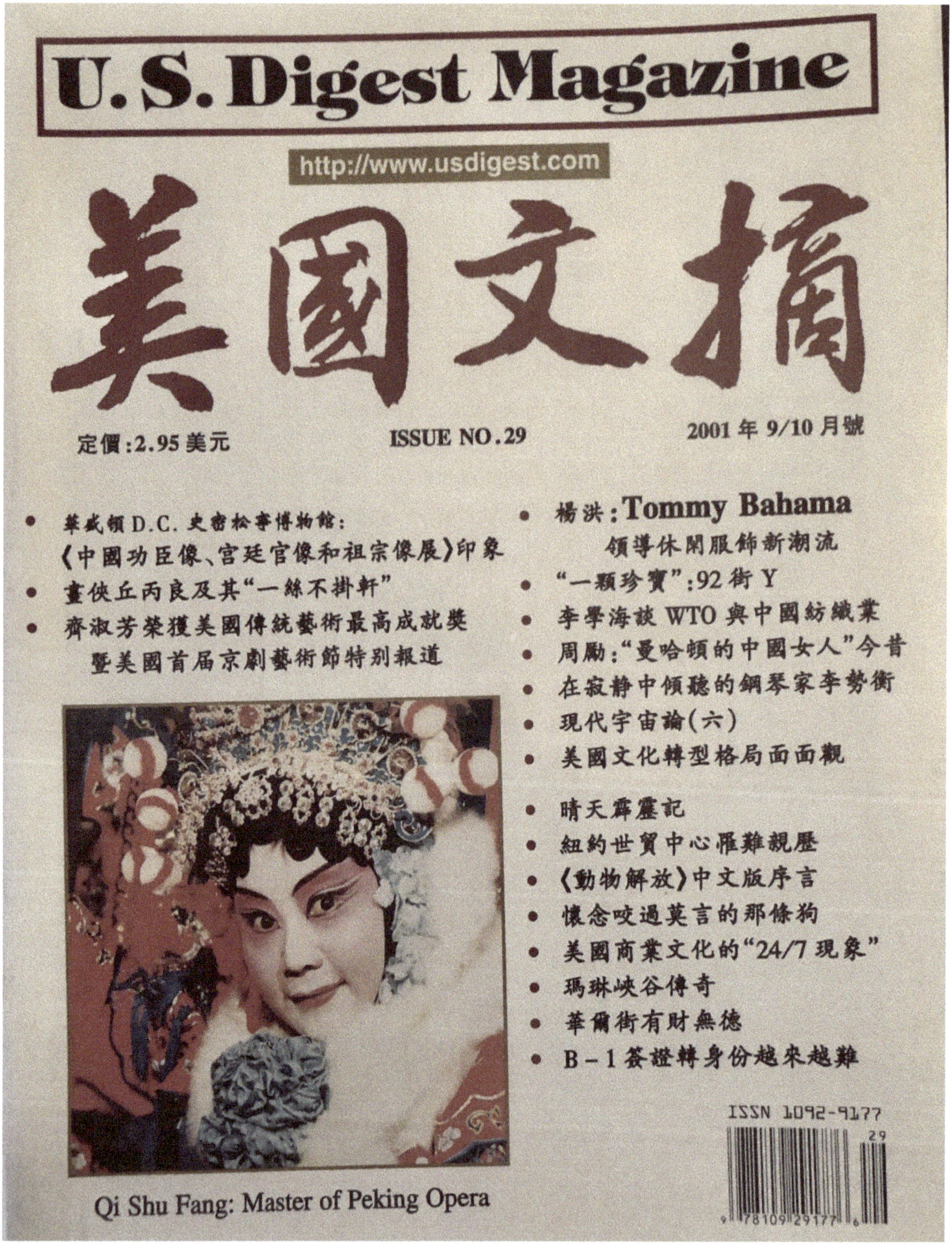

U.S. Digest Magazine

http://www.usdigest.com

美國文摘

定價:2.95美元　　ISSUE NO.29　　2001年9/10月號

- 華威頓D.C.史密松寧博物館:《中國功臣像、宮廷官像和祖宗像展》印象
- 畫俠丘丙良及其“一絲不掛軒”
- 齊淑芳榮獲美國傳統藝術最高成就奬暨美國首屆京劇藝術節特別報道
- 楊洪:Tommy Bahama 領導休閑服飾新潮流
- “一顆珍寶”:92街Y
- 李學海談WTO與中國紡織業
- 周勵:“曼哈頓的中國女人”今昔
- 在寂静中傾聽的鋼琴家李勢衡
- 現代宇宙論(六)
- 美國文化轉型格局面面觀
- 晴天霹靂記
- 紐約世貿中心罹難親歷
- 《動物解放》中文版序言
- 懷念咬過莫言的那條狗
- 美國商業文化的“24/7現象”
- 瑪琳峽谷傳奇
- 華爾街有財無德
- B-1簽證轉身份越來越難

Qi Shu Fang: Master of Peking Opera

ISSN 1092-9177

3) 2001 年 榮獲美國最高的藝術獎

2001 年是齊淑芳的豐收年，她獲得了美國表彰國寶級藝術家的「國家傳統藝術成就獎」。美國斯沃思莫爾學院教授艾倫·庫哈斯基稱贊她是完美聲音、表演藝術和運動天賦的結合。

齊老師和我們一起去了華盛頓領取這個美國的最高藝術獎 -- 國家傳統藝術基金會頒發的「國家傳統藝術成就獎」National Heritage Fellowship from the National Endowment for the Arts。

齊淑芳榮獲年全美最高傳統藝術成就獎
（與美國國家藝術基金會主席--比利 艾維先生的合影）

那年美國共有 13 位藝術家得了這個最高獎，頒獎後的晚宴就在國會大廈舉行。晚宴當晚，布希總統的工作人員捧著一個大盤子，裡面是一封布什總統寫給齊老師的表彰信，稱贊她「辛勤的工作和奉獻的精神，使你贏得了這個卓越成就獎。你獨特的成就有助於提升我們國家的文化生活，並將激勵人們努力追求藝術，精益求精」。

總統親筆祝賀她得獎，感謝她為美國多元文化作出貢獻，簽名的是他和太太勞瑞。

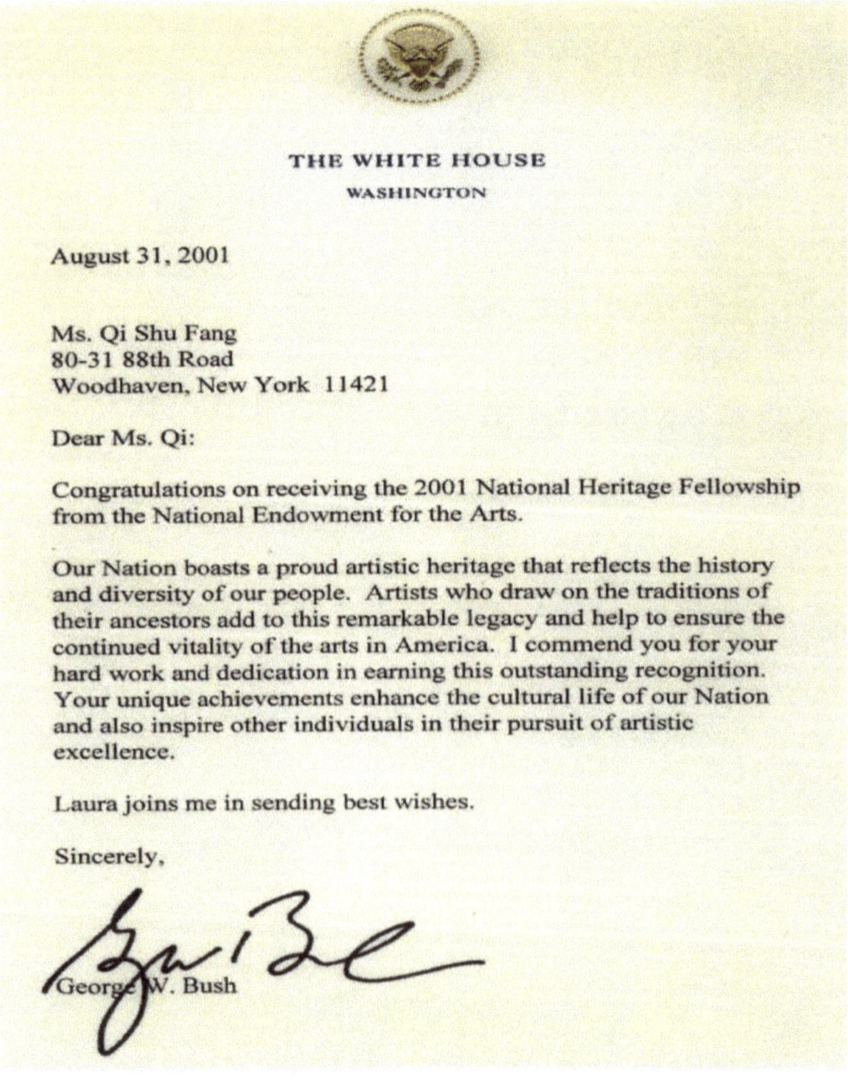

THE WHITE HOUSE
WASHINGTON

August 31, 2001

Ms. Qi Shu Fang
80-31 88th Road
Woodhaven, New York 11421

Dear Ms. Qi:

Congratulations on receiving the 2001 National Heritage Fellowship from the National Endowment for the Arts.

Our Nation boasts a proud artistic heritage that reflects the history and diversity of our people. Artists who draw on the traditions of their ancestors add to this remarkable legacy and help to ensure the continued vitality of the arts in America. I commend you for your hard work and dedication in earning this outstanding recognition. Your unique achievements enhance the cultural life of our Nation and also inspire other individuals in their pursuit of artistic excellence.

Laura joins me in sending best wishes.

Sincerely,

George W. Bush

布希總統給齊淑芳女士的賀信，稱讚她為加強美國多元文化和傳統藝術所作出的傑出貢獻。

時任聯邦參議員的希拉里克林頓也寫信給齊淑芳，贊揚她「妳告訴我們人生沒有不可能，人類想象與創造的力量是無窮的」。她把信直接寄到我們家，她說，「通過你的藝術，我們兩國更接近了。」

正因為齊淑芳得了這個獎，美國對她很重視，有作家為她寫書，攝影師專門來給她拍照，在華盛頓為她拍了一整套照片，也為她拍了紀錄片，介紹她當初是怎麼來到美國等等。

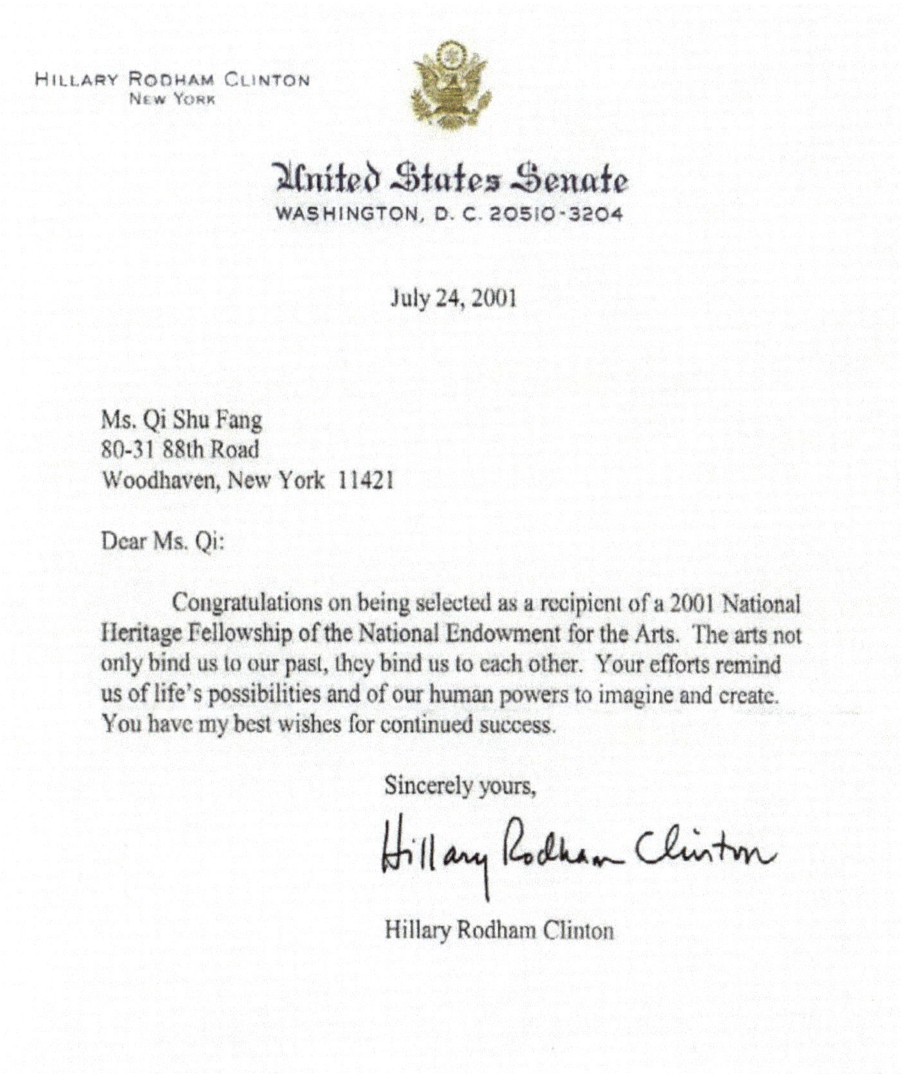

HILLARY RODHAM CLINTON
NEW YORK

United States Senate
WASHINGTON, D. C. 20510-3204

July 24, 2001

Ms. Qi Shu Fang
80-31 88th Road
Woodhaven, New York 11421

Dear Ms. Qi:

Congratulations on being selected as a recipient of a 2001 National Heritage Fellowship of the National Endowment for the Arts. The arts not only bind us to our past, they bind us to each other. Your efforts remind us of life's possibilities and of our human powers to imagine and create. You have my best wishes for continued success.

Sincerely yours,

Hillary Rodham Clinton

Hillary Rodham Clinton

美國前第一夫人希拉蕊給齊淑芳女士的賀信--「藝術不僅把我們與歷史過去緊密結合，更將我們彼此在今天的緊密結合」

齊淑芳現在在美國算是功成名就了，關於她的文章及書也陸續問世。2002年，兩位美國作家 John S. Major 及 Betty J. Belanus 寫了一本關於移民美國的藝術家的書「Caravan to America」，其中就有齊淑芳的一章，她順理成章的成了美國京劇藝術的代言人。

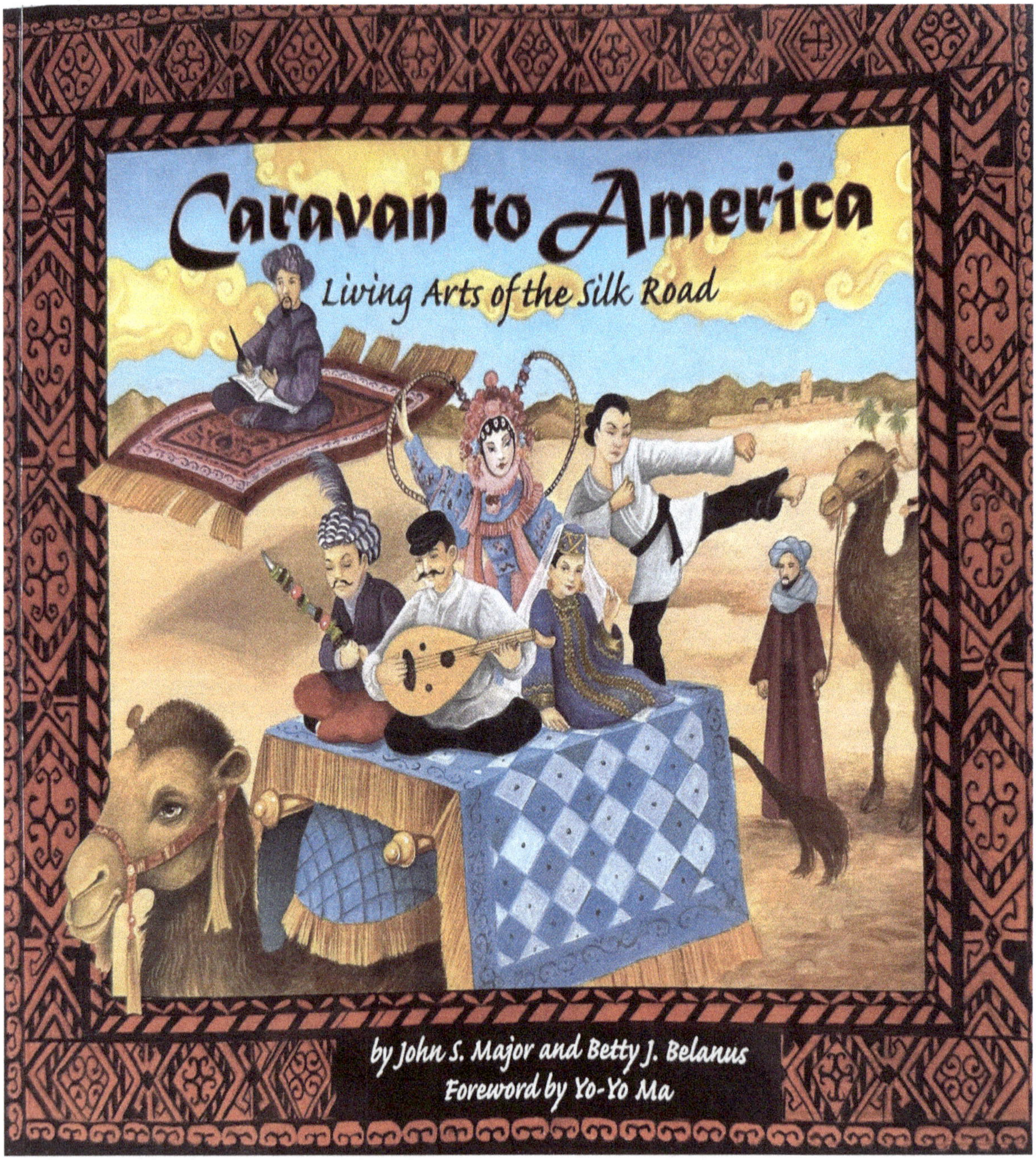

事隔多年，我們再度巧遇「世界音樂學會」的執行董事 Robert Browning，才知道他也是「國家傳統藝術基金會」的評委之一，他告訴我們，「我跟蹤你們的表演六年了，我熟悉你們的表演，是我提名你們競選國家傳統藝術基金會的『國家傳統藝術成就獎』。」

雖然獎狀上只有齊淑芳的名字，但當她拿到獎狀時，站在講台上致謝言，她說，「我謝謝家人、謝謝先生、謝謝大家！」當時我也在現場，我算是她背後最大的支持者吧。那年得獎的共有 13 位藝術家，華盛頓說得獎者可以帶家屬來，最好的朋友也可以來，所以我們都去了，住在五星級賓館，領獎當晚就在國會大廈設宴慶祝得獎人。

13 位藝術家每人一桌，除了自己的親戚朋友及家屬，每個桌上都有一位議員或州長陪同，當時我搞不清楚陪同我們的貴客叫什麼名字，當時也沒有拍照。

又過了幾年，華盛頓辦了得獎數週年的紀念會，我們再度到華盛頓去，國家傳統藝術基金會設宴邀請我們，作陪的是參議員愛德華甘奈迪。

4) 2001 年 主辦第一屆「中國京劇藝術節」

從 2001 年開始，我們每年主辦一次「中國京劇藝術節」，今年是第二十三屆了，我們都是在紐約辦，以紐約大學的演劇場及皇后區布拉遜市政廳的劇場為主。

我們第一次辦藝術節的時候開記者招待會，有位記者問我，「你為什麼來了那麼多年不辦藝術節，直到現在才辦？」我說有 2 個原因，一是現在才算是水到渠成，我們當初想辦也辦不成，沒有那麼多演員，各方面的經費也沒有，現在經費有啦，人員也有啦，辦藝術節對大家都有好處，既可以宣傳中國京劇，又可以讓美國人看到正宗的京劇，還可以給所有在美的京劇演員提供舞台。

我們今年七月又要表演了，我們的演出有時候賣票，有時候不賣票，這次表演是公益性質的，我們不收費，要回饋給老戲迷，是為老人中心演出的。

這次演出的第一個節目是「秋江」，由齊淑芳的學生擔綱演出，另外還有一個節目，是花臉的戲，第三個就是由齊淑芳主演的「13 妹」。老戲迷聽說齊老師要演了，都要來看，這次演出時間將近兩個小時。

回想我們當初來時只有 6 位京劇演員，還有 2 位是崑曲的，去世的那 2 位是京劇演員。剛開始時能夠演出的沒有很多人，後來隨著中國的開放，陸陸續續就有很多京劇演員、琴師都申請到美國來，他們在國內就聽說美國有個「齊淑芳京劇團」，現在各省的演員、各個專業團體的演員都有，我們的陣容就逐漸擴大了，實力也愈來愈強。這時我就跟齊淑芳說，「我們應該辦個京劇藝術節」，用這個固定的表演舞臺，給自己及大家表演的機會。

我們現在沒有演員荒的問題了，反而是演員太多，一兩百位都有。在第一屆藝術節的時候，我們有 50-60 個演員，到 2003 年 5 月，我們上百老匯演出全本的「楊門女將」，已經有 70 多個人，所以我們帶進百老匯的是大型的劇團，梅蘭芳當年帶的是小型的，齊淑芳是繼梅蘭芳之後第 2 位京劇藝術家進軍百老匯。

這是第八屆中國京劇藝術節的海報

5) 2002 年 主辦第二屆「中國京劇藝術節」

「楊門女將」是中國京劇院在 1964、1965 年就演過的大戲，那是在文化革命以前。我們到了美國舉辦第二屆「中國京劇藝術節」，在 2002 年就排了「楊門女將」，由齊老師領銜主演，有 70 多個人參加演出。

在演出之前，我正在奇怪舞台上怎麼會有那麼多個攝像機？因為放一台攝像機，劇院要收費 $800，我還在詢問，結果紐約時報的記者就說是他的，因為他前一天沒戴攝像機來，很後悔，所以第二天就帶攝像機來了，第三天紐約時報的評論出來了，ArtsPower 的總裁興奮得不得了，打電話跟我說，「紐約時報登出來了！」紐約時報寫道，齊淑芳雖然已經 60 歲了，等於中國人說的年過花甲，但她的動作運用自如，明星風采燦爛依舊。

更沒想到的是百老匯的新維多利劇場 New Victory Theater 經理，也看了齊淑芳的演出找上門來，邀請我們到百老匯劇場表演全本的「楊門女將」。那位劇場經理說，原來他們劇場的演出都是幾年前就安排得滿滿的，但正好有一個星期出現空檔，他歡迎我們去演。

我說我們需要有排練的時間，但他說，「你們千萬不要錯過這個機會，錯過了會很後悔的，你們重新再找經紀人聯絡，是一兩年以後的事了。」

當時我說，「那我們帶『孫悟空』這類的武打劇去吧！」對方說不需要，他就要這一齣戲「楊門女將」，他說「楊門女將」太好看了，這是中國的全本大戲，而且生旦淨丑、服裝、故事俱全，所以我們就答應了。後來我們按照他的要求，對「楊門女將」的劇本進行加工，這齣戲就上百老匯了。

6) 2003 年 進軍百老匯 成就傳奇

就這樣，齊淑芳京劇團 70 多個人，2003 年在百老匯的新維多利戲院演出全本「楊門女將」，這是繼梅蘭芳之後（梅蘭芳是在 1936 年在百老匯演出）第二

百老匯的新維多利戲院

個京劇團進軍百老匯，離梅蘭芳的第一次已經快七十年了。當年梅蘭芳進百老匯時，隨他演出的是一個小型的劇團，齊淑芳帶的是 70 多人全本「楊門女將」的大劇團，演出相當成功。

中國領事館的總領事張宏喜大使也來了，看完後他說，「我在美國能夠看到整本『楊門女將』，實在感謝你們，祝賀你們。」他又說，「你們的演出非常成功，連坐在我前面的那些老外，看到『祭楊宗寶』那一場都流淚了。」我們當時也在舞台上方打出中英文字幕，讓觀眾比較容易入戲。

一位美國作家寫到：「齊淑芳站在舞台中心準備開戰，她旋轉著一根長矛，轉速越來越快，姿勢的難度也越來越高，接著她又耍著兩把寶劍，等待著敵人的攻擊。」「當敵軍一個一個衝向她時，她用令人眼花撩亂的功夫，把他們一一摔在地上。雙方於是對峙著…他們向她丟矛，但她以手、腳、背、或用自己的矛，將敵人的矛反彈回去。最後她用矛在舞台上整場旋轉，把最後一個敵人也弄倒逃走了，她獲得了最終的勝利。」這時整場的觀眾都瘋狂了。

齊淑芳戲迷寫：「她是文武花旦，演過『楊排風』的又唱又跳，最厲害的是她踢將、提槍，還有特別的唱腔，齊淑芳在京劇迷的心目中，是無敵女金剛。想想她紮著大靠，手裡拿著大刀，腳上穿個厚靴，背後還插旗子，從 3 個桌子上後空翻，蹦的一聲跳下來，這屬於絕技了。她的丈夫丁梅魁也是非常厲害的武生。」

那場戲演下來，我們只需要付百老匯劇場的場租，賣票的錢多少都是我們自己的。比方說，我們決定 90 塊錢一張票或者 100 塊錢一張，我們賣多少票他不管，我們只要付他場租就行了，一週的場租將近 20 萬美元。如果一張 100 元的話，1000 個人劇場坐滿了也只有 22 萬元，一週的場租卻要 20 萬，很貴。

當時我們已答應進他這個劇場，我們並沒有這麼多錢，怎麼辦？大家說，「好不容易有這個機會進百老匯，那我們來辦個籌款餐會吧！」後來我們就在一家飯店搞了餐會，四處發邀請函，請他們來贊助我們，文藝界、商界都來了，我們籌了很多贊助的錢才進得了百老匯。

我們演出一個禮拜，幾乎沒賺什麼錢，我們還請了專門做宣傳的人，也在紐約時報登廣告，一個普通照片大小的廣告就要 $5000 塊錢一天，真是一字千金的貴。

記得我們在百老匯演出時，我們的劇院的對門正在演「獅子王」。

7) 回憶演出時的糗事

2016 年左右，麻省 Massachusetts 舉辦了一個藝術節，邀請我們去演出，我們應邀組了一個中型的團，包括樂隊，節目有「三岔口」、「鐵扇公主」等，對方也寄了個合約給我們，合約的大標題及 logo 是馬里蘭州的一個組織。我沒有仔細看內容，馬上就跟團員說這是在馬里蘭州，結果我們的大隊在早上 9 點鐘，先在紐約皇后區集合，一行 20 餘人開了 4 部車，浩浩蕩蕩的往華盛頓去了。

我們開了 4 個多小時才到，但到了那邊卻沒見到來接我們的人，最後我打電話給他，他說，「我一直站在這邊等你們呀。我在停車場，建築物後面有個停車場。」我們到了停車場，還是不見人影，他說，「我一直站在這，我也沒看見你的車。」弄了半天，我只好走進這個建築物，把地址給對方的人員看，對方說，「啊！你們來了公司的總部，總部是在馬里蘭州，但他們辦藝術節是在麻州，所以他們發給你的地址是在麻州。」哇，我們等於跑錯了方向。

我們趕快往回開，路過紐約，開了 12 個多小時，一直開到半夜，好不容易才趕上第 2 天的節目，原本我們是想早點去，可以看看他們的藝術節，然後晚上休息，準備好第 2 天下午表演。要是節目是前一天的話，我們就完蛋了，根據合同我們還可能要被罰錢。

這麼多年來，這種糗事還好就發生過這麼一次，大家都笑事先我不好好聯絡，害得大家輪流開車開了 12 個小時。

還有一次我們要到費城去演出，是那邊一個大學請我們去演出的，我們也是出了一台節目，有二十多個人。我們在演出當天就開車過去了，那時是冬天、很冷，我們開到費城時已經是雪花飄飄了。那個學校給我們的合同中有規定，若是當天的溫度低於多少度，學校就不開門，劇場也關掉，我們就算人都來了也不能演出。

那我們這麼多人怎麼辦呢？校方不講情面、不負責任，因為合約上有規定，遇到天災人禍他們就可以不履約。還好當地有個名票，他是齊老師的戲迷，他一聽說這個情況，就把我們全部接到他家，他還自己掏腰包，給每個團員 100 元，真是貴人啊。

齊淑芳夫婦與國務卿季辛吉合影

英國首相柴切爾夫人觀看「火鳳凰」

8) 齊淑芳的歷史定位

齊淑芳是美國著名的京劇表演藝術家，在中國她也是著名的京劇表演藝術家，但她不算大師，她還達不到梅蘭芳的那個層次，她距離梅蘭芳還有一定的距離，所以還不能稱她為大師，。

梅蘭芳創建了梅派，30 年代時，他對京劇進行了改革，自成一派，叫梅派。他的唱腔、唱法、身段，都有獨特的一套體系，自成品牌。現在一般的演員還沒有人能像他一樣成立一個派別的。

四大名旦：梅蘭芳、程硯秋、荀慧生、尚小雲，他們都有自己的派系，後來又出現了張君秋的張派，張的聲音、唱腔也都有獨特的風格，為國人所接受、喜愛，就形成張派。

齊淑芳唱的再好，畢竟還沒有自成品牌，稱不了大師。要成為大師，要有一個自創的特別唱法，和其他派別都不同，還要好聽，觀眾能接受，齊淑芳還沒有達到這個層次。她算是張君秋的學生、梅蘭芳的學生，她的唱法是張派、梅派的唱法。

反過來說，齊淑芳的武功卻是這 4 位大師所沒有的，武功沒有辦法傳承，除非是在武俠小說裡。事實上，就算齊淑芳很認真的教，也傳不了幾個人。齊淑芳的武功，在中國來講算是頂級了，但光靠劇中的武功，是無法成為派系的。我們只能公允的說，齊淑芳能文能武，文武都屬於上乘，所以她是位著名的表演藝術家。

齊淑芳沒有傳人，她曾經有幾個學生在國內，但是達不到她的水平，雖然學生也都得獎了。後來我們到美國來，她原來在中國教的學生，現在歲數都挺大了，美國這邊沒有太好的學生，他們只是來學她的表演、唱功，這次「秋江」就是她的學生演的，沒有武功、只是表演。

我的感情生活

我跟第一任先生龔國泰是在文化革命以前認識的，我們都是一個團隊的人，他是搞音樂的，西洋音樂或者是西域音樂，我則是搞唱的、搞戲劇的。拍樣板戲的時候，團裡的人大家都在一起吃吃喝喝，我和當時的先生熟悉以後，就在一起了，沒有誰追誰的問題。

那時我在拍電影時懷孕了，我剛懷上，那電影怎麼拍？後來我想了一下，就說算了，因為胚胎還沒成型，我就把它拿掉，決定專心拍電影，不影響工作。我那時工作很忙，沒有時間再去懷孕、生孩子，加上我小時候家裡孩子很多，我媽累死了，所以我想就不要再添麻煩吧。比起在家照顧孩子，我還是比較喜歡搞藝術。

後來樣板戲演完了，開始演出傳統戲，我和現在的先生丁梅魁經常合作，合作非常愉快。到外邊去演出時，他都會在台上幫助我，我要提槍，他就會扔槍給我，為我編戲裡的舞蹈，我們比較合得來，所以我跟前夫講，「我們是不是能分開，你搞你的音樂，我搞我的戲劇，互不影響，大家和平的解決婚姻？」他也同意了，沒有什麼問題。

來美國之後我就更忙了，更不可能有時間待在家裡養孩子，加上我也不喜歡做家務，我家的兄弟姐妹多得很，侄子姪女也多，有時我去看他們，或他們過來看我，這就夠了。我哥哥們都在上海，只有我和我先生來美國。

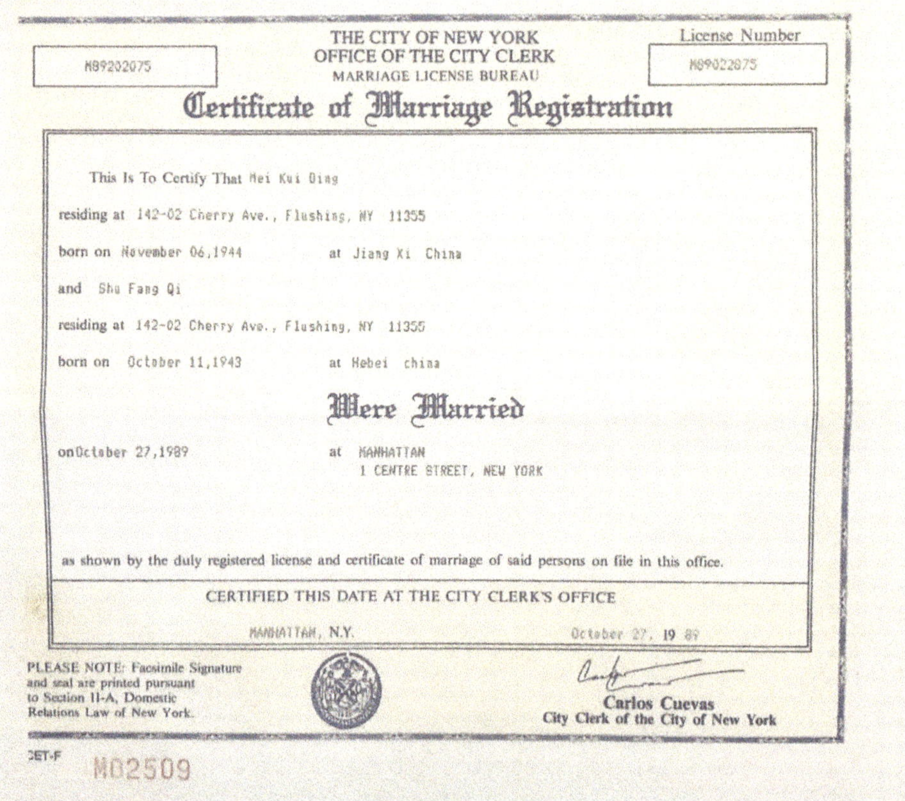

THE CITY OF NEW YORK
OFFICE OF THE CITY CLERK
MARRIAGE LICENSE BUREAU

License Number

M89202075 M89022875

Certificate of Marriage Registration

This Is To Certify That Mei Kui Ding

residing at 142-02 Cherry Ave., Flushing, NY 11355

born on November 06,1944 at Jiang Xi China

and Shu Fang Qi

residing at 142-02 Cherry Ave., Flushing, NY 11355

born on October 11,1943 at Hebei china

Were Married

on October 27,1989 at MANHATTAN
1 CENTRE STREET, NEW YORK

as shown by the duly registered license and certificate of marriage of said persons on file in this office.

CERTIFIED THIS DATE AT THE CITY CLERK'S OFFICE

MANHATTAN, N.Y. October 27, 19 89

PLEASE NOTE: Facsimile Signature and seal are printed pursuant to Section 11-A, Domestic Relations Law of New York.

Carlos Cuevas
City Clerk of the City of New York

CET-F M02509

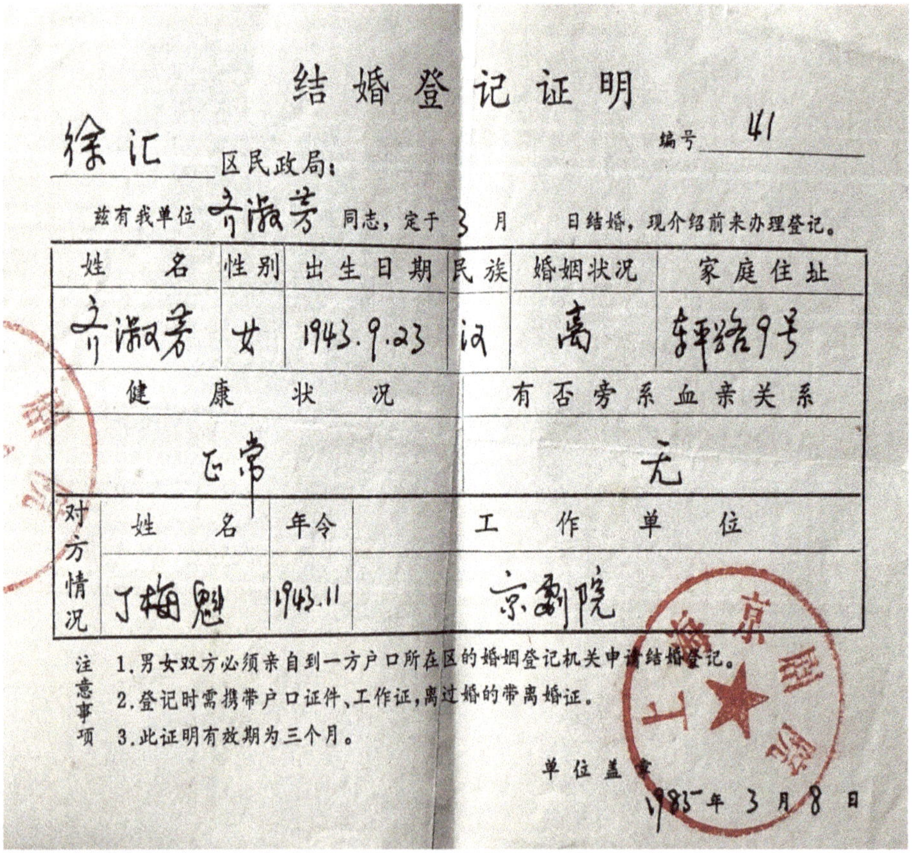

结婚登记证明

编号 41

徐汇 区民政局：

兹有我单位 齐淑芳 同志，定于 3 月 日结婚，现介绍前来办理登记。

姓名	性别	出生日期	民族	婚姻状况	家庭住址
齐淑芳	女	1943.9.23	汉	离	[illegible]路9号

健康状况	有否旁系血亲关系
正常	无

对方情况	姓名	年令	工作单位
	丁梅魁	1943.11	京剧院

注意事项
1. 男女双方必须亲自到一方户口所在区的婚姻登记机关申请结婚登记。
2. 登记时需携带户口证件、工作证，离过婚的带离婚证。
3. 此证明有效期为三个月。

单位盖章

1985 年 3 月 8 日

我們的結婚照

PIA-REIS

與齊淑芳是革命情感

我和齊老師並不是一見鍾情，我們是長期積累下來的革命情感。我們從小就認識，但我們在 19、20 歲情竇初開時，並不是彼此的戀愛對象。我知道她，她也知道我，後來我們在一起合作，合作了很長的時間，我基本上瞭解她表演的長處，就按照她的長處來排戲，她演起來得心應手，戲一出來就很成功，我們就逐漸累積了感情。

一般男人都很愛面子，在婚姻裡都要強出頭，但我的個性比較溫和包容，我這邊所有的團員都很崇拜我，說我凝聚力很高。他們都說，「齊淑芳沒有你就不行啦，你對她有很大的貢獻。」比如說，我善於創造、善於構思、善於編排，但也要有人來體現，齊淑芳就能完全體現，這樣我們兩個就走在一起了。而且我充分瞭解她身上的長處及短處，我編排動作時就取長補短，按照她的長處來編排。

我的前妻不是學藝術的，我跟她沒有太多的交流，每天回到家裡，只能談生活上的瑣事，但是我這個人是全心投入藝術裡的，我每天早上一醒來，就在想怎麼編排、怎麼弄啊，齊淑芳原來的先生也不是搞京劇的，他是搞洋樂、吹小號的。齊淑芳需要有人來幫她設計武打的招數，幫她編舞，她的前夫做不到。

記得是 1976 年，她對我說，「我有幸請你做我的導演嗎？」我說好啊！

我替她導的第一齣戲是「津江渡」，我接著又給她排了一個新戲，那時候大家都沒有戲演，傳統戲不讓演。後來文化革命結束了，大家還是不知道該演什麼戲好，我們就編排了一個「閃光的果子」（1979），講一個黎族小姑娘給解放軍送果子的戲，我導她演，這個戲一下子就得獎了，接著我們就拍「火鳳凰」，也是我導演，又得獎了，然後我們就出國演出，這時我們就談戀愛了。

我後來跟前妻提出分手，她也瞭解。我的前妻不是搞文藝的，我們有個女

津江渡 劇照

兒，今年 52 歲了，她前幾年也到過美國。一開始她有點怪我，她不太願意，但是後來她也慢慢理解了，也就無所謂了。她現在住在上海，我有 2 個外孫。

齊老師 1983 年離婚、我們在 1985 年結婚，1988 年來美時，她都已經離婚 5 年了，還有人說她拋棄了家庭，拋棄了丈夫，丈夫很痛苦什麼的，真是莫名其妙。

1) 我們是齊淑芳夫婦

中國人的傳統是重男輕女的，但我習慣講「我們齊淑芳夫婦」，這是很自然的，因為齊老師名氣大，一般都是提她，我當初就知道會這樣，我也等於在輔助她演戲、做幕後工作，我心裡完全沒有障礙。

比如我們在團裡排一齣戲，基本上都是由她主演，我幫她設計、編排，以齊淑芳為主。當別人打電話來談戲的細節，都會問，「我找齊淑芳，你是誰？」我說，「我是齊淑芳的先生。」對方就會說，「喔，那找你也一樣。」所以我也算是她的經紀人吧。

在我們劇院裡，她是主要演員，她的級別比我高，我是二級 , 她是一級，一般主演的都是一級演員，導演多是二級，但也是專家級別了。一級的導演比較少，除非你排了很大的劇目，票房很成功。二級的薪水比一級差一點，我們來美國以後，就不知道國內一級二級演員現在拿多少工資了。1988 年以前，比如說她拿 200 塊，我大概拿 120 吧。

至於我們在家務上的分工，要看是什麼事，重要一點的事、要拿大主意的，像是我們要不要留在美國，她通常都會聽我的，但一般生活上的事，我就會遷就她，像是決定跟 ArtsPower 經紀人談演出，我們會互相商量。

我們 2 個人一起決定不要小孩，尤其到了美國，養孩子很不容易，有了小孩就無法工作了，我們兩個都是以事業為主的人，雖然我們也喜歡小孩，但我們國內很多親戚都有小孩，可以隨時去探望。

我們兩個身體都非常好，你看齊老師已經 80 歲了，才剛剛演完一場戲，看戲的觀眾都說，「哎喲，她可以演到 100 歲，她的嗓子還那麼好。」

最近歌手李玟因為憂鬱症自殺了，史鍾麒老師說，「唱歌的人很容易受到歌詞的震撼而胡思亂想、多愁善感，有不少歌手就受了影響而自殺，可是練武的人呢，他們通常只會想我下個動作到底該怎麼做，應該左轉還是右轉，沒有時間去憂鬱。」我同意他的說法，練舞的人頭腦比較簡單一點，所謂「頭腦簡單，四肢發達」。哈哈！

我們如果能活到 100 歲，應該還是會繼續演出、繼續唱戲的，這是齊淑芳唯一的生活，她從小就是這樣生活，演戲就是我們的一切，否則人生沒有意義。

我現在想得比較多的，就是我們的團接下來要怎麼安排演出，要選誰來演哪個角色。比如一台節目有三四個段落，那你要選團裡的那個演員去演哪一段，再把它們組成一台戲。這些事平時就得想，我得去瞭解演員每個人的長處，他們現在的程度已經到哪了？有的人歲數太大，演不了了，這些事在平時就都得關心。

例如今天這台戲演完了，接下來什麼時候再演出？有什麼節目？還要去訂劇場，有很多事情要做。我們演出的次數慢慢減少了，畢竟齊淑芳現在歲數也大了。

2) 啊！上海男人

首先，全中國人都想做上海人！我剛到上海京劇院時，我父親是江西一個京劇團的團長，由他養家，他每個月寄十元錢給我零用。在那個年代，我就覺得作為一個上海人，要比做為其他省人高人一等。上海有全國最高的國際飯店（24 層）、有繁華的南京路，第一百貨商店，大光明電影院，上海外灘……。

1965 年我們赴西歐演出，「中國藝術團」來了五位河北保定邦子劇團和我年齡相仿的青年演員，因為他們的武功出色，所以借調到「中國藝術團」。「中國藝術團」在法國巴黎演出時，我帶他們遊覽市容，我說我們上海和巴黎一樣漂亮，一樣的高樓大廈，向他們大吹南京路、外灘、第一高樓國際飯店，第一百貨公司……。

西歐巡演結束後，正好藝術團在上海做總結，休息一星期，這五位保定小伙子催促我帶他們去逛南京路。一到南京路我傻眼了，怎麼和我出國前的感覺不一樣呢？中國第一高樓國際飯店也不高了，第一百貨公司、南京路、外灘怎麼都顯得那麼老舊？我那五個哥兒們譏笑我說：「什麼跟巴黎一樣漂亮，差遠了！」讓我登時無地自容、亞口無言！

我跟邱彰說，「我們是齊淑芳夫婦」，她非常驚訝，我必須承認上海男人做飯、操持家務的比例，遠遠高於中國其他地區的男性，讓其他地區的男性產生了「上海小男人會做飯」的印象。

為何會有這個印象呢？因為在很長的時間裡，上海是中國唯一充分工業化的省級單位，產業門類齊全，技術工種多，提供了許多對體力要求不大的就業選擇（紡織女工、儀表裝配員）。絕大多數上海女性有了穩定的工作，賺到工業社會的月薪，讓丈夫不再有免於做家務的特權，被迫去學習做飯、掃地、洗衣服，男尊女卑的文化在婚姻裡找不到物質基礎，無論多麼根深蒂固的觀念，也會迅速崩塌。

女性有了穩定的工作，婚姻法規定的男女平等和婚姻自由就比較容易落實，女性對於不滿意的婚姻也有離婚的自由，不至於擔心離婚後的生計。曾有統計說，上海婦女有60%佔據家中的主導地位，上海女性的平均工資在全國只低於廣東肇慶。上海婦女對自己的家庭地位高度滿意，其滿意的程度從國際上比較，也僅次於瑞典，但高於法、英、美等國。

上海男人可以買菜、燒飯、拖地，而不覺得自己低下，他可以洗女人的衣服，而不覺得自己卑賤；他可以輕聲細語地和女人說話，而不覺得自己少了男子氣概；他可以讓女人逞強，而不覺得自己懦弱；他可以欣賞妻子成功，而不覺得自己就是失敗。上海的男人不需要像黑猩猩一樣砰砰捶打自己的胸膛、展露自己的毛髮來證明自己男性的價值，所以一直到今天，我還是很驕傲的說，「我是上海男人！」

齊淑芳的養生之道：苦練

成龍有篇文章說，當初他們一群小孩子學習武術的時候，要挨很多打。他講的是解放以前的事，解放以後就不許戲校打人了。成龍是科班出身，而齊淑芳則是在上海戲曲學校唸書，由國家領導，不是私人團體，沒有打人那套，老師嚴格歸嚴格，但是他們不會像成龍小時候那樣的打學生，那是不可以的，所有的學校包括大小學，都不准體罰。

至於學生練武會不會有成，就要看個人本身的努力了。齊淑芳很要強，別的學生早上 7:00 開始練功，她半夜一兩點鐘就起來了，那時練功房沒人，她就可以先練一遍，練完了再去睡覺，到了上午 7:00 全體學生都來了，大家輪著練，地方就不太夠，但她第二天早上還是跟大家再練一遍。

星期天大伙兒放假回家，齊淑芳不回家，她一個人到練功房練功，她說這是她最開心的一天，整個大廳、練功房就是她一個人的，她從台上練到台下，多開心啊！

就因為她這麼的好學不倦，好成績就出來了，那時她才 15 歲，就得全校第一名，學校還專門為她量身打造一齣戲：「三戰張月娥」。這是一齣武旦的戲，是專門為她改編的，戲里有很多高難度的技巧，她一演就成功了，連毛主席都來看她這齣戲，還誇這麼小的姑娘就演的那麼好。後來毛主席說，「你這齣戲裡有些情節不合理，三個男的打一個女的，應該改成叫他們來談判。」

「三戰張月娥」原來的老戲叫「紅桃山」，是齣很簡單的傳統戲，也沒有那麼多複雜的技巧，也沒有唱腔，但因為是武旦的戲，很適合齊淑芳演，所以他們就根據她的條件改編，增加她的武打動作，又因為她的嗓子很好，再增加她的演唱，結果一下子就轟動了，連毛主席、梅蘭芳都贊揚她是「後起之秀」。

她那時才 16 歲，戲到北京演出時，好評如潮，連文化部長都陪著梅蘭芳去看齊淑芳。文化革命時，她演了「智取威虎山」的小常寶，成為全國家喻戶曉的人物。文化革命結束以後，她也演出傳統戲，得過很多獎，是上海京劇院的主要演員，經常帶著團到世界各地演出。

她有幾齣戲是她的代表作，一齣是「火鳳凰」，一齣是「青石山」，還有她演的「白蛇傳」，這些戲都是上海京劇院出國的大戲。她到奧地利參加國際藝術節，演出「青石山」，被評為「技壓群雄的中國藝術家」。

齊淑芳一輩子都一心一意的在鑽研她的藝術，每天吃完中飯，她就在聽錄音，聽張君秋是怎麼唱的，她也是張君秋大師的弟子。當時我們正好在北京拍「智取威虎山」的電影，電影拍了兩年才完成，這兩年內（1970-1972）每個星期天，齊淑芳都到張君秋家裡去學習，所以她的發音跟張君秋很像。

她也學習梅蘭芳的唱腔，但齊淑芳沒有機會親炙梅蘭芳，因為梅蘭芳去看她的時候她還小，只有十幾歲，到 1961 年梅蘭芳就去世了。現在她都是以學習張派為主，張派唱腔好聽，她的嗓子又好，嗓子不太好的學生一般都是學荀派，荀派是以表演為主，對嗓子的要求不那麼高。

一個人的嗓子好不好，天生的資質佔了很大的部分。齊淑芳嗓子的基因好，她從小由嫂嫂教她武功時，還雇了琴師，讓她一面練武功，一面練嗓子。

除了練功，其他時間她就是在排練新戲，所以我說京劇是她的一切。

記得有一次我們到外地巡回演出，到了一個新的地方要演出一個星期，每天演三場，都是大戲。那時是夏天，劇場冷氣不夠，但是齊淑芳不累，她覺得挺開心，別的演員都說，「哎呀，你怎麼不趴下？你不趴，我們都受不了了。」如果有一兩個月不演戲，她就會覺得渾身都不舒服，所以她現在每天時間一到，就會說待會兒要練功了，我也習慣了。

與張君秋大師合照

齊淑芳從小到現在，保持著每天練嗓子的習慣。平常她就對著戲曲的錄音機唱，跟著胡琴唱，每個星期基本上要練 5 至 7 次，有時還有琴師幫她拉，每次至少半小時。她現在不需要啊啊的吊嗓子，就是唱每個唱段，比方說她唱整本「紅燈記」，從頭唱到尾，或者傳統劇「白蛇傳」等等，她大聲的唱，和在舞台上一樣的唱。嗓子如果不唱，就跟武功不練一樣，會慢慢的萎縮，所以她一直唱、唱、唱。

她還須要保持身段，她每天走身段一個小時。齊老師不吃刺激性的東西，像是辣的她不愛吃。平時在飲食上，她也很注意營養，經常吃點人參補氣。

還有她注意休息，基本上她躺下就睡著了，而且還不容易醒，所以她睡眠充足。她每天 11 點左右睡，第二天早上 7 點起來。一個禮拜去老人中心三至四次，先是練武功，練習那些耍槍的動作近半小時，然後再練唱半小時。

因為她練功練唱從沒停過，一直持之以恆，所以她就沒有老的感覺。現在她的武功還是很靈活，人家都看不出她 80 歲了。上次她到華盛頓去演唱，連唱了 4 段，人家都很難相信她的嗓子還那麼好。很多樣板戲的女主角，現在的嗓子都不行了，特別是在國內的演員，基本上就休息了，難得會有什麼晚會或場合能出來唱，所以她們也就不麻煩練了，那她們的嗓子怎麼維持呢？

齊老師的成功，一是她的好勝心很強，一是為了要成功，她的自律很驚人，再加上她的天賦。我們在上海的時候，吃完中飯一般都會午休、睡個覺，但她吃完中飯就去排練廳了，在排練廳休息一會，馬上又開始很激烈的運動練功，這方面她是很堅持的，一直到現在也沒變。她從小就這樣，會在半夜起來練功，別的小孩星期天都回家了，她不回家。她有這種毅力，才能有現在這樣好的成績。

她是戲到骨子裡去的人，你叫她天天演出，她會覺得挺開心，一點也不累，若是好多天不演出了，她就會覺得渾身不舒服，會生病。她說，「我們從 2001 年以來，就開始主辦『中國京劇藝術節』，這個節是讓我得獎最重要的原因。別人都凋零了，老的老了、打工的打工，只有我一直堅持待在這個行業裡。」

現在國內玩京劇的年輕人也有，但他們長到 60 多歲就得退下，就沒地方去了。聽他們說，現在國內也有私人民間的劇團，那些退下來的人就跑到那兒去演出，要不然就沒地方可去。

我覺得學京劇的，壽命會比一般人長一點，因為他們一直堅持著做運動，也很自律，當然這也不是絕對的，壽命有長有短。現在我往回看，我覺得應該是人定勝天，自己的努力是可以改變自己的命運的。

我的功能是盡可能的輔助她，她幾個成功的戲都是我導演的，也是我編的舞。在家務上，我們兩個也是通力合作。她很能幹啊，在上海時她能夠一個人燒一桌菜，我那時不會燒菜，她就教我怎麼燒菜，最後我學會了，她就不燒了。她現在是我的打雜，比如說今天要燒什麼菜，她先把菜切好弄好，然後由我掌勺，吃完了也是我洗碗，她就管切菜洗菜。

除了唱戲以外，她還有個娛樂，她喜歡打麻將，但是技術不好，10 場有 8 場是輸的，可是她還是要打，就是喜歡打。我主要是沒時間打麻將，比如說要演出了，我得把整個劇本寫出來，包括裡面的唱詞、念白，最近是寫「十三妹」整個劇本，然後再寫一本說明書，包括演員的介紹、角色的說明、演員的照片，連廣告都是我設計的，我要做很多事，演出前也是由我掌握排練的時間，所以我比較忙，打麻將我也會，只是難得打。

齊老師閨蜜算是很多吧，基本上大家對她都很崇拜，會主動給她送吃的，或是請她吃飯，演出時就給她贊助。她對人很爽快，說話很直，從不考慮會不會得罪人。讓她講話稍微婉轉一點，她都學不會。她感覺有不好的，馬上就會反應，所以我們的團員都很怕她。

比如說有個團員，好久沒跟我們聯絡了，這個團員我們曾幫助他辦綠卡，幫他寫材料，以齊淑芳的名義為他寫推薦信，因為齊老師得過美國的最高藝術獎，在協助他申請綠卡上有很大的幫助。可是他好久不跟我們見面了，連電話也沒有一個。

有一天我們在一個停車場，正好下車來，他也剛下車，一見到齊老師就說：「齊老師你好，好久沒有給你問候！」，齊淑芳馬上把臉拉下來，「你這麼長的時間也不問好，你幹什麼！」反正就是很直接的罵他，把他罵得灰頭土頭。我攔著說，「算了，人家也很忙。」但她還是很直接的批評他。後來我們還是有來往，這些人對我們都非常好。

齊老師從來不過生日，她說，「你不過生日，就不知道自己有多大歲數，過一年就老一年。」沒錯，所以我也不過生日，跟她一樣。一般我們都是逢年過節的日子慶祝。

我們現在在美國沒有親戚，但是有很多的乾女兒、乾兒子，他們都是年輕的演員，他們來美之後，都在我們團里工作，就叫我們乾爹乾媽，我們覺得這些小孩挺可愛，或者技藝上很好，好吧，就收你這個乾女兒、乾兒子吧，他們每逢過年過節都會來看我們。

在美國傳承京劇

「我的志願是在美國繼續發揚我們光榮的傳統，讓美國人看到及瞭解中國的藝術，也讓在美華人能有機會欣賞祖國的藝術。我永遠不會退休，活到老唱到老，藝術終身。就像丁老師說的，京劇就是我的一切。」

齊老師一直到現在還維持著定時的演出，她在今年 2023 年 7 月份的「中國京劇藝術節」登台演出傳統劇「十三妹」，這個戲有唱有舞，還有武功，她照樣揮掃自如。

我們在主辦每屆的藝術節之前，都會事先通知其他的藝術家們一起配合，他們平時也有工作，但我們若要演出，就會事先跟他們說，幾月幾日要演什麼劇目，你演什麼角色，包括樂隊也都會通知，然後再告訴他們幾月幾日幾點在什麼地方排練，他們到時都會來，練完之後，再通知他們幾月幾日幾點來劇場演出。

1988 年和我們一起在美國留下來的京劇團團員，有兩個人剛剛去世，他們也都活到 80 歲了，其他人的健康情況都挺好，他們的子女現在也都大學畢業、有工作了，有房有車，還能照常參加演出，還很能演呢！

我們原來有個學校，專門教外國人或年輕人學京劇，外國人有很多願意學京劇，不管是男是女，男的學武生、老生，女的尤其樂意學花旦，一到演出時，給她們畫個妝、給她們紥個靠，然後往那一站，哎唷，高興死了。教學生也鼓舞了我們保持年輕人的心態。

但現在齊老師的歲數比較大了，基本上已經很少教他們了，學生平常也有自己的工作，所以就讓他們自己練了。自始至今，我們教了 10 多個學生，他們現在都在外地工作。第 23 屆的演出裡沒有外國演員，都是我們當初一起來的班底，加上新人。

今天我們在美國如果看到京劇的後起之秀，就會邀請他們過來表演。一般來說，在美國是不太可能培養出能力超過大陸培養的京劇演員的，因為在外面的條件有限。倒是在大陸會有一些新人出現，我們就邀請他們來表演展示一下，做些文化交流。我們的堅持就是：延續宣傳中國傳統文化，不停地到處宣傳、演出京劇給美國人看。

現在好演員總的來講還是比較少，像是我們團的代諾（花旦）、李博（老生）、李慶鳳、李吉嶺都是北京戲曲學院畢業的。有時大陸看到了我們演出的錄像，也會說這個演員不錯，唱的那麼好，也會詢問他們的情況。代諾、李博平常有工作，但是他們非常熱愛戲劇，我們這邊也不停的給他們機會演出。還有一個演老生的叫呂維忠，大陸有位名家來紐約演出的時候，覺得他不錯，就收他做徒弟了。

所以我覺得我們成立這個團的立意很棒，可以栽培後進，給他們舞臺，這些演員也都非常感謝我們，讓他們可以維持他們的藝術於不墜。

我們表演的錢，一部分是向美國政府申請，一部分是向社會拉贊助，比方說美國有一個基金會，每年都會給我們贊助，美國每個州、市也都有藝術基金會可以去申請。替我們辦這些申請的，是一位威斯康辛州大學的教授，他是一位中國通，中國話講得非常好。他經常邀請我們到他們大學去講學，跟我們很熟，是他幫我們寫這些申請的。

至於每年辦這個藝術節要多少經費，就要看我們這次是大辦、還是小辦。像我們那年邀請中國武漢的一整個團來，因為劉子微在國內排了一個新戲，叫「3寸金蓮」得了獎，這齣戲在國內是很紅的，我們就邀請他們來美國演出。

他們的團有 100 多人，那我們要申請的錢就多了，他們的飛機票、他們住旅館的費用、我們租劇場，總共要幾十萬美金吧！中國出了一部分錢，他們也會向中國的文化基金會之類的機構去申請經費。我們兩家合辦，光靠我們，我們沒那麼多錢。我們也曾邀請過貴州京劇院，他們來了 45 個人。

小辦的話，就是邀請兩三位藝術家，比較容易。我們到目前為止，已經邀請過幾十位藝術家過來了。場地的話，每年都要租劇場，都要提前去預租，去晚了就租不到了。劇場大小要看你要拍什麼樣的戲。一般的戲，租金便宜一點，若我們拍一場大戲，大劇場就比較貴，幾萬塊吧。

假設今年我們的經費有 10 萬塊錢，1 萬塊用來租劇場，有時候還需要買服裝，這些都要從國內買，還有就是演員、樂隊、錄像、音響都要花錢。10 萬塊錢的話，最後的利潤有多少？我作為導演，我會收導演費，還有演員的工資也得發，其他如樂師、琴師、錄影師，總之，辦演出最終還是能夠帶給我們一點收益的。

1) 京劇的改革

問齊淑芳關於京劇的改革或是京劇的未來，是不切實際的，因為我們生長於京劇，生活於京劇，京劇就是我們的生命，所以你非要問我們京劇的未來是

2023 Peking Opera Festival
美國第二十三屆中國京劇藝術節
齐淑芳
艺术指导
领衔主演
主演
于向伟
代诺
刘庆春
吴亮
京胡
单靖
吕维忠
刘晓敏
田刚
司鼓
秋江
Autumn River
醉打山門
Fighting Mountain gate while in a drunken state
丁梅魁
艺术总监
十三妹
(悦來店)
The Thirteenth Sister
刘庆先
午台监督
七月九日星期日下午一点正
Sunday ,July 9 2023 1:00 pm
地点 Location
Flushing Town Hall Theater
137-35 Northern Blvd
美國齊淑芳京劇團 主辦
法拉盛市政廳
Qi Shu Fang Peking Opera Company Presents
曾雙欣博士基金會 華美痛癥康復治療中心 和美康成人日間護理中心

什麼？我們的答案就是，「很好啊，很有前途啊！」

但任何藝術都是不進則退的，京劇現在就處在進退維谷的階段，京劇可能不會物理性消失，但可能會社會性消失，除非有奇蹟發生。因為京劇現在已經不完整了，包括兩個方面的不完整：

一是繼承的丟失，
二是不再具備自我進化的能力了。

目前在中國，京劇的形式存在一些無法解決的問題，首先是它必須與新的娛樂形式，像是電影、電視、綜藝節目競爭觀眾。就算京劇是國粹，但是懂得欣賞的人越來越少，年輕人更喜歡那些新潮的音樂及快速的節奏，而京劇裡面的很多台詞年輕人都聽不懂，唱起來又慢吞吞，演出時間過長，在在造成了京劇本身的難以傳承性。

更何況老藝術家的水平都不是年輕的藝術家可以輕易複製的，以現在的環境要出現大師，幾乎不可能。現在國內的年輕演員只會唱兩齣戲，就自覺不得了了，就去參加比賽，被大家捧成新秀，但一般老演員起碼會唱幾百齣戲，新秀還差的遠呢。

過去的京劇電影是在京劇演出時錄影，再把錄影轉成電影來放映，不怎麼好看，很難討好主流觀眾，2014 年改變來了！

著名的導演徐克以 3D 技術拍出來的《智取威虎山》不但票房高達 10 億元人民幣，還在口碑、評論上贏得一片讚賞。

不論是否看過 1960 年代與原著小說同名的黑白片《林海雪原》以及後來的樣板戲《智取威虎山》，都知道主角楊子榮是個孤膽英雄。在文革期間，江青推動樣板戲，成為一切文藝作品的標桿，其中創作原則是「三突出」，即在所有人物中突出正面人物、在正面人物中突出主要正面人物、在主要正面人物中

突出最主要英雄人物，楊子榮無疑就是其中「最主要英雄人物」之一。

但是徐克版的楊子榮就大大減弱了這種色彩。楊子榮進入以 203 首長為領導的剿匪小分隊時，他的脾性與首長大起衝突，首長甚至想將他送返原地，如此的「損」樣板戲英雄的形象，是徐克經過一番衡量後的大膽創作，將高度政治化的人物削弱至要個性的臥底無間道。

經過香港電影市場洗禮的徐克所要拍的「智取威虎山」，就是港片最擅長的警匪槍戰的電影，以此類型片子去改造紅色超級經典，才有可能讓 85 後、90 後的觀眾群所接受，才可能創下叫好亦叫座的市場現象。

如果說樣板戲可視作某種文化遺產的話——徐克的這部影片則是以現今的敘事方式再延展這一遺產，顯然成功了。有觀眾就開玩笑說，這是「解放軍的 007 故事」，洋為中用，又有何不可？

徐克版《智取威虎山》向中國內地的同行們、主管意識型態部門、具體管理文宣部門，提供了啟示，連樣板戲都可以揉入娛樂要素，征服 85 後、90 後的互聯網一代，讓內地同行們對香港導演刮目相看！

2014年電影版「智取威虎山」

史鍾麒讀後感

我和齊淑芳夫婦在 1967 年就認識了，我們都是樣板戲演員，我們是在文革期間沒有受到政治迫害的一群人。早年凡是敢於提出意見、或有不同想法的文藝工作者，往往會遭到莫名其妙的迫害。樣板戲演員在台上說錯一句台詞、漏做一個動作、弄錯一件道具服飾、音樂出現任何差錯，都被視為沒有愛護樣板戲。

文革中有一個特別的保衛樣板戲、向階級敵人開炮的時段，記得當時有一個賣大餅的毛良玉，他組織了一個業餘劇團在那演「白毛女」，被人家抓到了，說他歪曲樣板戲、破壞樣板戲，在上海人民廣場 10 萬人前公審，當場被拉出去槍斃。

1) 我是樣板戲「白毛女」的男主角

看了齊淑芳夫婦描述「智取威虎山」是如何成為樣板戲的，我也回憶一下「白毛女」是如何成為樣板戲的。1967 年 4 月 24 日，「白毛女」在人大會堂的小禮堂演出，這小禮堂是專門給中央政治局委員看戲的劇場，前面都是大沙發，位置是隨時可以調整的。毛澤東及中央的領導全部出席看「白毛女」。毛看完以後上台跟演員握手，大家拍照，林彪也在。看完第 2 天傳話來了，毛澤東看了以後說好。

在那以前，「白毛女」是香花還是毒草之爭，已經經歷了很長的時間，在北京工人文化宮預演時，後台還有「白毛女」是毒草或是香花的爭論，但在毛澤東看了說好以後，所有說毒草的人都沒聲音了，「白毛女」就成了樣板戲。

1967年4月24日晚上，毛澤東與林彪觀賞「白毛女」演出

江青與接見《白毛女》劇組，史鍾麒在前面第二排右三

成為樣板團之後，我們的待遇就不一樣了。那時的人不像現在講究穿漂亮衣服，那時要穿軍裝才厲害。解放軍總後勤部給我們發了黃顏色的軍裝，我們穿到外面去演出，多帥氣啊！冬天穿那個棉大衣挺暖和的。除了服裝，在演出方面到處給我們開綠燈，人家恨不得我們馬上到他們那演出，行程排得滿滿的，各地的同行沒有樣板戲演，都要到我們這兒來學習。

齊淑芳穿著當年流行的軍裝

這是我的軍裝，帽徽、領章是借的

當年流行的棉外套

8個樣板團都有這樣的經歷，都是在江青的安排下，毛澤東看了以後，成為樣本戲，這樣子團及團員的運命就被改寫了。8個樣板戲當中，我們「白毛女」演了快10年了，人家說「十年一齣戲」是有道理的，這十年間我也演過別的戲，像是「苗嶺風雷」，演了幾場就沒了，看來在我身上也應驗了「10年一齣戲」。

10年間其他的創作也都是跟著樣板戲走，幾乎千篇一律，都是描寫英雄人物、不食人間煙火，很少寫到愛情，英雄就是高大上，非常簡單。後來一些京劇也好、芭蕾舞也好，都是這個套路，音樂很好，唱的也很好，演員演的也很好，就是不能談及愛情。

京劇改革其實從1964年就開始了，于會泳在文革開始前，已經在搞京劇現代化了，但那時他還在音樂學院工作，沒有正式調職過去，到1966年才有成果出來，比如說「紅燈記」、「沙家濱」、「奇襲白虎團」，1966年江青拍板定案了。我到現在一直認為，還好有江青在主持，京劇才能擺脫過去的單調。

為什麼是在1964年才開始呢？因為那時中央有個講話，說解放以前中國的舞臺上都是才子佳人、帝王將相，沒有工農兵的形象，所以現在開始要有工農兵的形象。「白毛女」就是1964年開始創作的，以前都是跳「天鵝湖」這類外國的東西。

京劇改革把交響樂加進來，那是西方的東西，當然有不少反對的聲音，特別是老派的人不願意。但是這個東西觀眾願意聽啊，交響樂可以襯托氣氛，你看楊子榮出來以前，已經給他渲染了，就像寫小說，前面已經渲染了一大片，然後男主角出來，好戲上場！如果還是以前的那套，兩個樂器，鏘鏘鏘、鏘鏘鏘，差得太遠了！

文化大革命時，毛澤東在天安門城樓上接見紅衛兵8次，「白毛女」也被接見過一次。那時很多紅衛兵一聽說我們是上海「白毛女」的團，就馬上拉開場地，讓我們跳「白毛女」，我們一直跳到毛主席來才停。其實在1964年年底，我們的

「白毛女」就很出名了，那時的演出也很多，場場爆滿，也有很多人買不到票。

通常中央領導有很多外事工作，接待外賓要看戲，他們一定會去找文化局，問看什麼東西好？周恩來總理看我們的「白毛女」演出，前後共看了 11 次，越南的胡志明、利比亞的卡札菲也都看過我們的演出。

白毛女的票價我現在記得最貴的票是一塊一，這是已經成為樣板戲之後的票價，以前還不是的時候，票價是 4 毛、6 毛、8 毛。

那時在上海，除了這些樣板戲之外，其他傳統的粵劇、崑曲，也都創作出跟樣板戲差不多內容的戲，都是突出高大上的英雄，在解決什麼社會問題，以服務人民為樣本，沒有愛情，沒有個人生活，而且這些英雄一定是工農兵。

「白毛女」的劇情主要是恨日寇、恨地主，它有真實的部分，再加上人工的喧染，還有很大的部分是虛構，它只是為了鼓勵你去上戰場，恨日本人、打地主，用文藝作為宣傳的武器，很成功。

2) 我怎麼上台演「白毛女」？

1942 年 5 月 23 日，毛澤東在延安一個文藝座談會上的講話，說文藝要為工農兵服務，1964 年開始調整文藝方向，讓工農兵佔領舞台，就跟這個講話有關。

當「白毛女」開始演出時，我還沒演戲裡的大春，凌桂明和歐陽雲鵬都是高班的，我是低班的，高班老師是編導，選人當然會以高班為主，後來有一次那兩個「大春」，突然食物中毒，半夜送醫院吊鹽水治療。第二天一早大家趕快開會，決定是演還是不演，如果不演的話要登廣告，因為票都賣出去了。當時正好是在「向階級敵人開排炮」的階段，突然停演，會產生很嚴重的問題。這是我能演出「大春」的一個極為重要的契機。

文革時任何事情都要講究家庭出身的，我們家地主、富農、反革命都有，為此他們還專門組織調查。但他們經過政治調查後，同意我因為從小就住在舞蹈學校裡，沒有受到壞人影響，所以我後來還能跟著團到法國、日本去訪問。

我當時沒有從頭到尾跳過「白毛女」的全部舞蹈的經驗，只是學過一點獨舞，跟群眾演員也沒有配合過，更沒有在舞台上走過。如果我答應演大春的話，整齣戲都要排練，晚上還要穿戲服演出。一般的情況從排練到上台，至少要幾個月的時間，然後還有專門安排為我試裝，合樂，彩排。

當時所有的人都看著我，因為只有我還有條件可以在當晚登台，儘管這是一個冒險，是一個不得已的選擇。我如果說不行，他們也沒有辦法，因為情況確實如此，他們也無法怪罪於我，但是我覺得這是一個機會，所以我就點頭了。這樣馬上全團就動員起來了，當時我們學校還有工宣隊、軍宣隊，他們也全程配合。

我後來想，如果我當時畏懼困難而不答應，後果會很嚴重，團裏馬上就得登報說不能演了，如果江青知道上海芭蕾舞團前一天在學校裡有那麼多人食物中毒，那還得了，搞不好就能怪罪下來，抓幾個人，甚至槍斃個別人，也不是不能想象的事情，畢竟那是個特殊的年代，所以我的點頭可能還救了人。

講句老實話，江青對於現代京劇的改革花了很多力量，有很大的功勞，跟她的政治路線沒有關係。樣板戲這個形式是江青改的，如果拋開政治不談，單談樣板戲，在藝術上它算得上是精益求精。你看在「白毛女」裡，哪一個補丁該打在什麼地方，江青都有講究，因為她在農村待過、在灶台上工作過，所以她說補丁應該打在什麼地方十分清楚，楊白勞的補丁在肩膀上，喜兒的在前襟下面，這些都很有道理。

在文革的時候，樣板戲的演員是不會被迫害的，但家庭和社會關係還是會對你有影響，比如我們 1972 年到日本去演出，我們團裡有一個人，他的家庭條件比我好得多，出身也不錯，只是因為他的女朋友有海外關係，團裡就不讓他出去，在家裡蹲著。

齊淑芳說文革時她沒有受到一點迫害是真的，因為她們家都是藝人出身，跟反革命沒有關係。齊淑芳演的是文武花旦，京劇演員都要練幾十年的功夫才能出道，沒有這個功夫，你長得再漂亮也沒用。

她後來成了大名鼎鼎的演員，她比我大幾歲，從戲校畢業後就碰上文革，10 年期間樣板戲天天在演出，「白毛女」誰敢破壞，「威虎山」誰敢破壞？

文革中間有一個很重要的反「三名三高」，三名就是名導演、名作家、名演員，三高就是高工資、高獎金、高稿酬，「三名三高」很短暫，從 1966 年底到 1967 年初，就那麼幾個月的時間，到了 67 年中期以後，這事就沒人提了。

3) 京劇的未來是電影嗎？

美國有位很有名的女演員 Meryl Streep，她在過去每年拍一部電影，部部得獎，她不像我們這樣「10年一齣戲」，因為她拍的是電影，拍完放那就是永恆了，她就可以去演別的。

電影是個綜合藝術，對演員來說，相對比較容易，你只要把這個鏡頭演好，至於電影後來出名不出名，跟你已經沒有關係了。

導演說，「你這個鏡頭給我大笑 3 聲！」這個鏡頭拍完了，你就甭管了，導演接著說，請你演「我好想吃啊！」下面給你端上一盤肉，人家就知道你想吃肉，下面給你端上一盆黃瓜，就知道你想吃黃瓜，你的任務就是「我想吃」，所以演電影實際上比演戲劇容易得不知道多少倍。

我主演的電影「生活的顫音」一放映，馬上半個中國就全知道我是誰了，但是我演樣板戲「白毛女」，花了那麼長的時間、那麼大的功夫，大多數人未必知道史鍾麒是誰。

電影拍完了，影片就可以天天放，這樣你就出名了，而舞台戲劇則不同，無論你長得再美，技術再好，今天沒人看到，就不知道你是誰。所以在這方面，兩種媒介是不同的，也是很不公平的，但是沒辦法啊，現實就是這樣。

我認為京劇是不會被電影淘汰的，因為你出名了，人家心裡還是想看看你本人怎麼演。我參拍過五部電影，我瞭解電影是怎麼回事，我認為舞臺劇永遠有它的市場，舞臺劇絕不會被電影搞癱的。

電影可以把舞臺劇給記錄下來，但很多人看了電影之後，並不滿足，他還想看看你本人在舞臺上是怎麼演的，所以舞台劇一定會有市場。而且劇場的表演是沒辦法用 AI 複製的，像是莎士比亞的芭蕾舞劇，一定要看現場。電影是平面的藝術，即便你把它拍成 3D 也一樣，但人在舞臺上表演就不一樣了，你今天演這樣，明天演這樣，都會有細微的不同或失誤，這就是我們為什麼喜歡在劇場看芭蕾舞，要不然每天打開 YouTube 看，劇場就不用去了。

在現場看劇，整個氣氛、視野的開闊，會給你造成完全不同的心理衝擊。就好像你在家裡也可以看土耳其的照片，但你還是要去旅行，因為你在現場的感覺就不一樣，那種深度、那種廣闊，你從畫面上是感覺不到的。看電影就只有用眼睛，在現場看劇還要用鼻子、嘴巴及各種感官一起參與。

舞臺劇包括各種劇種，有些地方戲的發展是很困難的，因為年輕人不喜歡，特別是現在的教育都以普通話為主，地方方言沒什麼發展的機會。地方戲本來範圍就很小、格局又不高，年輕人出去打工之後，看到外面的世界，他就不會再關注家鄉的小世界，最後，小小的地方劇就會被時間淹沒，但是京劇作為國劇，應該不會消失。

4) 以練舞養生

所謂「拳不離手，曲不離口」，所以齊淑芳勤練嗓子、每天練，要不然上不了高音怎麼辦？胸腔要打開，就要開嗓子。她每天還得練習武打、耍刀、練舞，不然臨場反應不過來。

有人問，「她這麼勤快的練，京劇演員會比一般人長壽嗎？」答案是肯定的。當年跟他們一起留下來的6個人當中，有2位走了，一位是去年年底走的，79歲，另外一位也是70多歲，不錯了。我今天也已76歲了，身體狀況很好，所以我想活到80歲以後應該沒有什麼問題吧！

我的養生之道跟齊淑芳一樣，也是每天鍛鍊。我教學生舞蹈，自己跟著一起練。灣區有很多人喜歡舞蹈，本來我的學生群都侷限在住家附近，現在我有網課了，學生有一半在美國東部、洛杉磯那一代。

教學生任何一個芭蕾舞，你得記住多少個動作的組合啊！另外音樂也會幫助你記憶，你會記住那段音樂是配合那些動作的。除此，我們經常踮起腳尖，這對身體有好處，這會一直刺激你的穴位。一堂芭蕾課，這個踮腳尖的動作做多少次，數都數不清了。

到了一定的年齡，身體上的功能就會慢慢衰退，只有靠不斷的刺激這些功能，衰退的速度才會減緩。50歲以後身上的肌肉，就開始以每年1%的速度衰退，到了70歲，肌肉已經衰退得不成樣子了，但你若經常的鍛鍊，肌肉還在不停的受到刺激，它的功能就可以維持較長的一段時間。人體肌肉裡的細胞是不能再生的，死一個少一個，但若你一直讓它保持在運動中，不斷的提供養份去充實它，它衰退的速度就會減緩。

我是靠跳芭雷舞來鍛鍊的，所以我的手指頭、脖子、腳趾頭、全身的肌肉，每天都在鍛鍊，這不是我刻意說的，而是舞蹈本身設計的問題。

1641年，路易十四在巴黎開創舞蹈學校，他每週找一群當時最有名的外科醫生到皇宮來，研究舞蹈的動作，訂下名稱，研究最佳的全方位訓練方式，到現在快400年了。這些舞蹈動作至今還在被沿用，隨著歲月，內容不斷的被強化及豐富，所以我喜歡芭雷舞這種全方位的鍛鍊肌肉方式。

齊淑芳夫婦已經高齡 80 了，仍然活躍於京劇界，身心都很健康，我也認為要長壽、要活的快樂，就是要把職業生涯拉到無限長，做一些對身心健康都有好處的事。

長壽之道有二，一是心態，一是鍛鍊。丁老師說齊淑芳的心態很好，她每天鍛鍊完回家，一躺就睡著了，叫也叫不醒。我認識一些人什麼事情也不做，退休後就窩在家裡，想東想西，還有點憂鬱，很快就沒了。

經過多年的觀察，我發現會得憂鬱症的多半是唱歌的，因為他們容易感受到旋律和歌詞的衝擊，多愁善感，因此他們的歌聲也會打動受了傷的人心，如果沒有一個堅強的性格，他們得憂鬱症的機率就比較高，因此症而自殺的歌手還不少，像是張國榮、梅艷芳、李玟等等。

相反的，我認識的舞者幾乎沒人得憂鬱症，因為他們在跳舞的時候都很快樂，在台上每秒鐘想的，都是下個動作要怎麼做，才不會把對方給摔了，沒時間去多愁善感，也沒內心的衝擊 ，都是肢體的撞擊，所以我不認識任何跳舞的人因為憂鬱症而自殺的。

「頭腦簡單、四肢發達」有時其實是好話。

感謝

衷心感謝我的老師及朋友不離不棄，
協助我完成這本口述歷史。

丁梅魁	李名果	陳世芳	陳羿每
史鍾麒	劉雁	梁奕	Doris Tseng

Photo Credits

本書圖片由丁梅魁老師、史鍾麒老師及網路提供。

www.ingramcontent.com/pod-product-compliance
Lightning Source LLC
Chambersburg PA
CBHW040001080526
44586CB00027B/2838
* 9 7 8 1 9 4 9 7 3 6 8 4 7 *